Arno Gruen

»Ich will eine Welt ohne Kriege«

Klett-Cotta

Klett-Cotta
www.klett.cotta.de

Printed in Germany
Schutzumschlag: Philippa Walz, Stuttgart
Gesetzt aus der Carniola von Typomedia GmbH, Ostfildern
Gedruckt und gebunden von Esser printSolutions GmbH, Bretten
ISBN: 978-3-608-94250-7

Fünfte Auflage, 2020

Inhalt

Vorwort

Dieses Buch wurde für junge Menschen geschrieben – in dem Glauben, dass diese noch stärker an ihrer eigenen Sicht der Wirklichkeit festhalten als ältere Generationen. Leider übernehmen wir ja mit dem Alter sehr oft die in unserer Gesellschaft üblichen Denksysteme, die sich in Sätzen wie »Der Beste gewinnt«, »Wer verliert, ist selber schuld«, »Der Mensch ist nun mal schlecht« ausdrücken. Man passt sich an, weil alles andere Angst macht. Die Jüngeren dagegen sehen noch andere Ufer. Sie möchte ich erreichen und ihre Wahrnehmung stützen. Natürlich wende ich mich auch an diejenigen, die in ihrem Denken jung geblieben sind und sich ihren eigenen Blick auf die Welt bewahrt haben, die sich noch anstecken lassen von der jugendlichen Lebendigkeit, der Intensität und der Hoffnung auf ein besseres Leben. All diesen Lesern möchte ich Mut machen, sich auf das Gute, das Kreative im Menschen zu besinnen.

»Ich will eine Welt ohne Kriege« – diesen Titel verdanke ich der Begegnung mit einer Gruppe von Jugendlichen, deren Begeisterung mich bewegte. Nach einem Vortrag in Stuttgart im Januar 2005 waren sie an mich herangetreten, um mich für die Jugendzeitung »kritische masse« zu interviewen. Sie wollten wissen, was man tun könne, um die Welt zu einem Ort zu machen, in dem Leben in all seiner Vielfalt möglich ist und bleibt. Diese Jugendlichen gingen mit ihren Fragen den Dingen ohne Furcht auf den Grund. Sie waren unerschütterlich in ihrem Wunsch nach einer friedvollen Welt. Wir stimmten darin überein, dass diese nur möglich wird, wenn »Maximen aus dem Bauch kommen«, also aus dem Herzen und dem Mitgefühl.

Selbstverständlich geht es in diesem Buch nicht nur um Kriege, sondern um jede Art von Gewalt. Krieg ist jedoch die gefährlichste Form von Gewalt, denn er wird unter dem Signum der moralischen Gerechtigkeit ausgetragen. Immer wieder ziehen Nationen in den Krieg und glauben, in ihrem tödlichen Treiben eine »heilige Mission« zu erfüllen. Den darin liegenden Widerspruch erkennen Jugendliche oft viel deutlicher als ihre Eltern. Ich erinnere mich an meine Töchter, die schon während ihrer Schulzeit eine Erwachsenenwelt, die sie in der Schule zu Schutzübungen für den Kriegsfall aufforderte, für verrückt erklärten. Sie sagten: Was für ein Unsinn! Krieg war für sie unter keinen Umständen zu rechtfertigen oder entschuldbar.

In diesem Sinne widme ich dieses Buch der Jugend und den Erwachsenen, die wie ihre Kinder noch eine Hoffnung für die Menschheit in sich tragen.

Idee und Anregung für dieses Buch kamen von meiner Frau Simone. Das kritische Lesen übernahm unsere Tochter Zoé. Der Text selbst wurde gemeinsam mit Monika Schiffer geschrieben, deren einfühlsames Wirken dessen Gestaltung prägte.

Träume sind Lebendigkeit

Wünscht sich ein Kind eine Welt ohne Kriege, wird es von Erwachsenen als naiv abgetan, genauso wie der Jugendliche, der für Frieden demonstriert. Aber was ist naiv an solchen Wünschen? Was ist lächerlich daran, sich eine Welt ohne Gewalt vorzustellen? Warum wird ein von Liebe bestimmtes menschliches Zusammenleben verächtlich als naiver Traum abgetan?

Es gilt als erwachsen und realistisch, sich mit Kriegen abzufinden. »Erwachsene« halten Gewalt für ein Naturgesetz. Der Mensch sei nun mal böse, heißt es. Sogenannte Realisten haben viele solcher Weisheiten auf Lager: »Was im Leben zählt, ist der Erfolg«, »Einer muss immer das Sagen haben«, »Wenn man etwas haben will, muss man es sich erkämpfen«, »Die Welt ist schlecht«: Sätze wie in Stein gemeißelt, die vermeintliche Wahrheiten verkünden und doch nichts anderes sind als Behauptungen von Menschen, die nicht mehr bereit sind, an die Möglichkeit einer anderen und besseren Welt zu glauben.

»Vielleicht fehlt uns der Träumer, und wir wissen noch nicht einmal, dass er uns fehlt ... der Träumer, der wahre begeisterte Irre, der Einsame, der wirklich Verlassene, der einzige tatsächliche Rebell.«[1] Das schrieb vor etwa 60 Jahren der Schriftsteller Henry Miller. Träume können subversiver sein als politische Ideologien, deshalb sind sie für die selbsternannten Realisten so bedrohlich.

Eine Patientin erzählte mir einmal, wie sie mit fünf oder sechs Jahren im Garten auf einen wunderschönen mit Schnee bedeckten Baum schaute. Plötzlich schlug ihr die Mutter, die sich von hinten genähert hatte, mit der flachen Hand in den Nacken und schrie sie an: »Hör auf zu träumen!« Die Erinnerung der Patientin war so stark, so gegenwärtig, dass sie mich fragte, ob ich es gesehen hätte.

»Hört auf zu träumen!« ist eines der typischen Diktate, die Erwachsene zwischen sich und Jugendliche stellen. Träumen macht vielen Erwachsenen Angst, denn Träumen bedeutet Freiheit von den Einschränkungen des Alltags, von einer Ordnung, die dem Denken Grenzen setzt, aber auch Schutz vor Zweifeln und Unsicherheiten bietet. Viele Erwachsene haben sich in ein Bollwerk aus Pseudo-Wahrheiten eingemauert. Eine solche Festung gibt ihnen das Gefühl, sicher vor Überraschungen zu sein und das Leben unter Kontrolle zu haben. Doch was ist das Leben ohne Überraschungen? Sicherheit ist das Gegenteil von Spontaneität und Neugier, von Mitmenschlichkeit und der Freude am Neuen, am Anderen, am Unbekannten. Kurz: Sicherheit ist der Tod alles Lebendigen. Träume dagegen bedeuten Lebendigkeit. Träume durchdringen die Mauern der Ignoranz und öffnen den Blick für das, was im Leben alles möglich wäre.

Die amerikanischen Indianer verstanden dies.[2] Deshalb hatten sie ein volles Leben – trotz materieller Not und Unsicherheit. In ihrer Weisheit wollten sie diese Unsicherheit auch gar nicht aufgeben. Diese Menschen besaßen, was wir heute weitgehend verloren haben: Gleichmut in der Unsicherheit, Sicherheit in der Hilflosigkeit. Denn ihre Stärke wurzelte nicht in Unverletzlichkeit, sondern im Akzeptieren von Leid und Schmerz als einem selbstverständlichen Bestandteil des Lebens (auf diesen Punkt werde ich noch zurückkommen). Eine Jugend, die noch träumen kann, hat noch etwas von diesem Potential. Der Verlust kommt erst später, wenn das Träumen aus Gründen der Anpassung aufgehört hat.

In seinem Roman »Nachtzug nach Lissabon« schreibt Pascal Mercier über die Jugend: »Wieviel Leben sie noch vor sich haben; wie offen ihre Zukunft noch ist; was noch alles mit ihnen passieren kann; was sie noch alles erleben können.«[3]

Eltern, aber auch Gesellschaften im Allgemeinen, haben drei Alternativen, sich gegenüber diesem Zukunftspotential ihrer Kinder zu verhalten: Entweder sie lieben deren Möglichkeiten und fördern diese so gut sie können. Oder sie missbrauchen sie, um ihre eigenen Vorstellungen als gute Eltern zu bestätigen. Oder sie unterdrücken dieses Lebendige, weil sie es selbst nie leben durften, weil sie es ihren Kindern neiden und deshalb niedermachen müssen. Darum geht es in diesem Buch – und natürlich um die Frage, was das alles mit unserem Wunsch nach einer friedlichen Welt zu tun hat.

Kriege und deren Ursachen werden gewöhnlich unter politischen, ökonomischen und ideologischen Gesichtspunkten betrachtet. Krieg ist aber vor allem ein menschliches Problem. Es sind ja immer Menschen, die Kriege führen und andere töten. Es sind Menschen, die das Töten veranlassen, und es sind Menschen, die zulassen, dass getötet wird. Was also treibt Menschen dazu, anderen Gewalt anzutun? Was lässt Soldaten selbst den widersinnigsten Befehlen Folge leisten? Was bewegt einen Politiker, Tausende in den Tod zu schikken und sich und anderen auch noch vorzumachen, er täte Gutes damit? Und was veranlasst Bürger, die sich für frei und demokratisch halten, ihm zu folgen und ihn trotz seiner mörderischen Ambitionen als Retter und starken Mann zu verehren? Die Frage, die mich hier interessiert, lautet: Warum wirkt hier nicht, was uns Menschen miteinander verbindet und was uns allen gewissermaßen als Hemmmechanismus gegen das Töten mitgegeben ist – nämlich das Mitgefühl?

Ich selbst entstamme einer Generation, die unter dem Eindruck von Nationalsozialismus und Zweitem Weltkrieg erwachsen wurde. 1936 bin ich mit meinen Eltern von Deutschland über Polen und Dänemark in die USA geflohen. Amerika wurde für mich das Land der Freiheit, das meiner Familie wie vielen tausend anderen einen neuen Anfang bot. Ich habe über vierzig Jahre dort gelebt. Umso mehr erschreckte es mich, als Amerika vor einigen Jahren anfing, innenpolitisch die Menschenrechte einzuschränken und sich außenpolitisch in ein Imperium zu verwandeln, das den Krieg sucht. Vieles begann, sich für mich wie die Wiederholung einer schrecklichen Vergangenheit anzufühlen. Vielleicht hat der Dichter Hans Krieger[4] Recht, wenn er schreibt:

> Falscher noch
> wir wussten es lange
> hofften und irrten doch weiter
> falscher noch als die alte
> falsch auch die neue Welt
> die Schattenwelt
> die Welt ohne Schatten
> ein moderner Pfahl
> aus dem Sumpfgrund Europas –
>
> Und als vom Traum
> der erneuerten Welt
> nichts als der Kaugummi blieb
> nur die Käfighaft
> nur die Taktik des Erstschlags
> war das grausame Großherz
> immer noch guten Willens
> war es durchpulst
> von blutiger Güte
> und vom Hoffen nicht satt.

Menschen unterstützen leidenschaftlich eine Politik, die sich unter dem Deckmantel der Demokratisierung ganzer Völker bemächtigt. Krieg als spektakuläre Demonstration nationaler Stärke und Unverwundbarkeit überdeckt ihre Minderwertigkeitsgefühle und verleiht ihnen eine imaginäre Kraft, die sie aus sich heraus nicht haben.

Was zurzeit in der Welt geschieht, erinnert mich an das apokalyptische Gedicht »The second Coming«[5], das der irische Dichter William Butler Yeats kurz nach dem Ersten Weltkrieg schrieb:

> Alles zerfällt, die Mitte hält nicht mehr
> Schiere Anarchie ergießt sich auf die Welt
> Bluttrübe Flut ergießt sich; überall
> Versinkt der Unschuld feierlicher Brauch
> Den Besten fehlt der Glaube und die Schlimmsten
> Erfüllt hingebungsvolle Leidenschaft.

Kriege sind letztlich nur möglich unter der Voraussetzung einer Übereinkunft von Menschen, die daran – aktiv oder auch passiv duldend – beteiligt sind. Natürlich gibt es zwischen diesen Menschen Unterschiede hinsichtlich ihrer Verstrickung in das Töten und Zerstören. Ich werde jedoch aufzeigen, dass ihnen allen etwas gemeinsam ist, was ihre Allianz begründet: Sie verleugnen einen Schmerz, der mit einer frühen Unterdrükkung in ihrer Kindheit zu tun hat. Diese Unterdrückung kreist um empathische Wahrnehmungen, auf die ich noch später zurückkomme. Der daraus resultierende Schmerz musste aus dem Erleben abgespalten werden, um überleben zu können. Das ist die zentrale Aussage des Buches, die ich im folgenden begründen und herleiten werde, denn sie führt letztlich zur Antwort auf die Frage, was jeder von uns tun kann, um die Welt friedlicher zu machen.

Hitler als Vorläufer moderner Kriegstreiber

Während meiner Vorträge werde ich häufig gefragt, ob ich einen Hitler auch heute noch für möglich halte. Ich antworte dann, dass das Zusammenspiel, das ihn bestimmte, noch immer besteht. Es handelt sich um ein Zusammenspiel zwischen einem Menschen, der die Pose von Entschlossenheit und »männlicher« Kraft verkörpert, und den Ehrgeizigen, die ihm folgen, weil diese Pose ihnen die Möglichkeit gibt, schnell erfolgreich zu werden. Auch Menschen, die sich Erlösung durch die vermeintliche Kraft, die die Pose verkörpert, erhoffen, wirken an diesem Zusammenspiel mit.

In seinem TV-Film »Speer und Er«[6] zeigte Heinrich Breloer Adolf Hitler und seinen Lieblingsarchitekten und späteren Rüstungsminister Albert Speer als zwei Menschen, wie sie einem auch heute in der Riege der Erfolgreichen und Mächtigen begegnen könnten. Die Nazis – das sollten wir nicht vergessen – waren damals das, was wir heute als »hip« und »trendy« bezeichnen würden. Ihre Uniformen waren »cool«, und ihr Lebensstil galt als erstrebenswert. Auch wenn sie in ihrem Innern kleingeistige Biedermänner waren, imponierten sie doch nach außen mit dem Anschein von Modernität, Weltläufigkeit und Fortschrittlichkeit. Ihre Größenvorstellungen blendeten die mörderische Realität ihres Tuns aus.

Im Mittelpunkt stand für diese Menschen immer der Männlichkeits-Mythos, also das, was einem verbreiteten Vorurteil zufolge als »männlich« gilt: Stärke, Entschlossenheit, Unempfindlichkeit, Heldentum. Natürlich geht es dabei nicht um wirkliche menschliche Stärke. Diese hat ja etwas mit einer inneren Festigkeit zu tun, die unter anderem daraus erwächst, dass man sich mit Schmerz konfrontieren und mit diesem umgehen kann. Bei dem Männlichkeits-Mythos dagegen geht es immer um die Pose, um die Fassade, das »So-tun-als-ob«, wo in Wahrheit nichts ist. Hitler gab, wie die meisten in der Nazihierarchie, eine perfekte Verkörperung des starken Mannes ab, obwohl er in Wahrheit ein schwacher Mensch war. Deshalb wurde er auch drogenabhängig, wie sein Leibarzt Theodor Morell in einem Interview mit dem Magazin »Der Spiegel« bestätigte.[7]

Schmerz und Verzweiflung konnte dieser Mann nicht ertragen. Die Jagd nach Größe und Unverwundbarkeit war der Weg, der Konfrontation mit dem Schmerz aus dem Weg zu gehen und diesem zu entkommen. Seine »Mitspieler« wollten das gleiche, und sie glaubten, durch die Versprechungen von Stärke selbst Erlösung von Schmerz und Unbehagen zu finden. Dieser Schmerz und dieses Unbehagen hatten ihren Ursprung in einem Selbstverrat, der bereits einsetzte, als sie sich dem Diktat von Eltern, die sie in ihrem eigentlichen Sein verleugneten, unterwarfen.

Der Schein rettete diese Menschen vor der Konfrontation mit ihren Schattenseiten. Das ist heute nicht anders, die Prozesse treten nur anders in Erscheinung. Der deutsche Schriftsteller Carl Amery bezeichnete Hitler zu Recht als einen Vorläufer des 21. Jahrhunderts.[8] Solche Menschen blenden mit spektakulären Kulissen. Dabei täuschen sie häufig in eindrucksvoller Pose Menschlichkeit, Mitgefühl und soziale Absichten vor. Hitler verstand es, sich auf seinen Nürnberger Reichsparteitagen als Kult zu inszenieren. Auch wir lassen uns durch mediale Events etwas vormachen. Fast alle Politiker sind heute Darsteller einer Rolle, die ihre Public-Relations-Berater bis ins kleinste Detail festgelegt haben. Die Auftritte von George W. Bush werden gezielt als kultisch überhöhte Ereignisse in Szene gesetzt. So entsprechen sie der Suche seiner Anhänger nach Größe und Erhabenheit und verheißen diesen einen Weg aus der eigenen Misere.

Die Nazi-Zeit liefert anschauliche Beispiele für Menschen, die keinen Bezug zu ihrem eigenen Sein und ihrem Schmerz haben und deshalb auch ohne Mitgefühl für das Leid anderer sind. Aber auch in unserer Zeit begegnen uns Menschen dieses Typs, wir erkennen sie nur häufig nicht als solche. Es sind nicht nur die neuen Rechten, die sich mit Heavy Metal volldröhnen und mit Springerstiefeln durch die Straßen marodieren. Auch unter den Vertretern der »jungen Elite«, die sich zunehmend in Politik, Wirtschaft oder Medien durchsetzt, finden wir Menschen, die ohne Gefühl für sich und andere sind. Sie haben mit den jungen Anhängern der SS vieles gemein. Arrogant, opportunistisch und aalglatt verfolgen sie nur ein Ziel: Sie wollen nach oben kommen. Dazu ist ihnen fast jedes Mittel recht. Für die »Loser«, die zurückbleiben, haben sie nur Verachtung übrig.

Wie man mit Skrupellosigkeit und Zynismus zum Erfolg kommt – ein Beispiel von heute

Karl Rove[9] ist Chefberater des amerikanischen Präsidenten. 1950 in Denver, Colorado, geboren, wächst er als Sohn einer Verkäuferin und eines Geologen auf, der wegen seiner Arbeit für einen Erdölkonzern nur selten zu Hause ist. Als er 19 Jahre alt ist, lassen sich die Eltern scheiden. Rove erfährt, dass der Mann, der ihn aufgezogen hat, gar nicht sein leiblicher Vater ist. Die Mutter begeht Selbstmord. In dieser Zeit beginnt Rove, sich für die Republikaner zu engagieren. Der smarte Junge macht an der Highschool schnell durch außergewöhnlichen politischen Ehrgeiz auf sich aufmerksam. Um dem Erfolg seiner Partei nachzuhelfen, schreckt er auch vor Lügen und Betrug nicht zurück. Er stiehlt zum Beispiel Briefpapier aus dem Büro des Gegenkandidaten und druckt darauf Flugblätter, die diesen kompromittieren. Als 22jähriger erregt er zum ersten Mal das Interesse von FBI und Presse, als er durchs Land reist, um jungen Republikanern die Kunst der schmutzigen Tricks beizubringen. Er selbst kandidiert als Präsident der konservativen Studentenvereinigung und wirft seine Gegner mit dubiosen Methoden aus dem Rennen. George Bush senior wird auf den jungen Mann aufmerksam. Dessen eiserner Machtwille und die Rücksichtslosigkeit, mit der er ihn durchzusetzen versucht, imponieren dem Vater des heutigen US-Präsidenten so sehr, dass er ihn anheuert.

Von nun an ist Karl Roves Karriere eng mit der von George Bush und dessen Sohn George W. verknüpft. Beiden Republikanern steht er als politischer Berater und Wahlkampfmanager zur Seite. Dem Sohn ebnet er mal als Rammbock, mal als strategisches Gehirn zweimal den Weg zum Präsidentenamt. Markenzeichen des Technik-Freaks Rove ist die Skrupellosigkeit, mit der er die persönliche Vernichtung der Gegner durch verleumderische Gerüchte betreibt. Mal wird dieser in die Nähe von Homosexuellen gerückt, mal wird ihm psychische Instabilität unterstellt. Auch John Kerry, George W. Bushs Gegenkandidat bei der Wiederwahl zum Präsidenten, wird Opfer einer Rove-Kampagne, die ihm Feigheit unterstellt. Joseph Wilson, ehemaliger US-Botschafter in Bagdad und einer der schärfsten Kritiker der Irak-Politik Washingtons, wird mit Indiskretionen über seine Frau unglaubwürdig gemacht, als er die Lügen des Weißen Hauses über angebliche Urangeschäfte des Irak aufdeckt.

Das sind die Menschen, die, wie zu Hitlers Zeiten, zur Macht zugelassen werden. Es sind Menschen ohne Mitgefühl und ohne Scham. Ihr Vorwärtskommen verdanken sie der Obhut und Förderung durch Führer – in diesem Fall Bush senior und Bush junior –, die selbst ohne Mitgefühl sind. Als im September 2005 der Sturm Katrina über New Orleans und die angrenzenden Gebiete hereinbrach und katastrophale Verwüstungen verursachte, erlaubte sich George W. Bush als Präsident seines Landes noch zwei Tage Erholungsurlaub, bevor er die Region aufsuchte, indem er sie *überflog*. Persönlich erschien er erst, nachdem man einige Orte für ihn aufgeräumt und saubergemacht hatte.[10] Es geht immer um den Anschein, die Kulisse: Es sollte so aussehen, als sei alles in Ordnung. Eine der ersten Maßnahmen, die Bush nach der Katastrophe ergriff, galt übrigens nicht den Opfern, sondern der Ölindustrie: Er strich die Luftreinheitsgebote für die Raffinerien[11]. Einen nationalen Solidaritätsfond dagegen wollte er nicht unterstützen.

Wenn Carl Amery Hitler als Vorläufer unserer Zeit beschreibt, will er davor warnen, dass der heutige Idealmensch dem idealisierten Unmenschlichen entspricht, wo nur Erfolg und der Anschein von Größe zählen und sich der »Börsianer oder Medien-Yuppie ... an die Stoßstange seines Porsche Boxster den Sticker ›Eure Armut kotzt mich an‹ klebt«[12]. Auch Albert Speer war so ein Mensch. Auch er war ein »Vorläufer«, wie er heute zum Beispiel in der Rolle des erfolgreichen Managers wiederkehrt: ein intelligenter verbindlicher Mann, der gefühlvoll und normal erschien, der auf geniale Weise aktuelle Zeitströmungen erspürte und sie zu benutzen verstand, der andere mit Eleganz und Charme beeindruckte, der aufgeschlossen wirkte und sich scheinbar einem überpersönlichen Ziel verschrieben hatte. Kurz: ein Mann, der die Kunst der Pose brillant beherrschte, tatsächlich aber amoralisch und ohne eigene Identität war. Solche Menschen haben in früher Kindheit gelernt, andere zu manipulieren. Sie sind die perfekten Darsteller eines vertrauenerweckenden Menschen. Sie wissen genau, welche Gefühle von ihnen erwartet werden, und sie verstehen es, diese in perfekter Weise und mit großer Geste zu simulieren. Tatsächlich jedoch sind sie gefühllos, innerlich hohl und abgestorben. Sie erleben in sich nicht die widerspruchsvolle Spannung, die entstehen würde, wenn sie tatsächlich in ihren Gefühlen leben würden.

Albert Speer wusste, welche Gefühle er haben sollte. Er verstand es, die Öffentlichkeit bis weit in unsere Gegenwart hinein über sein wahres Wesen zu täuschen und davon zu überzeugen, dass er ein gefühlvoller Mann war. Hätte er wirklich etwas gefühlt, dann hätte die empathische Wahrnehmung der Leiden anderer es ihm unmöglich gemacht, das zu tun, woran er schuldig wurde. Doch in seinem Leben zählten nur Ehrgeiz und Erfolgsstreben.

Wir müssen uns also auf uns selbst besinnen und unsere eigene Fixierung auf die Pose erkennen, wenn es darum geht, einen neuen Hitler zu verhindern. Wir sind verführbar durch unsere Faszination für Größe, die sich ja auch in dem Streben nach Macht, Erfolg, Genialität, Außergewöhnlichkeit oder perfekter Schönheit ausdrückt. Solange wir uns durch Glanz und Glamour täuschen und durch den Anschein von Größe und »männlicher« Stärke von unseren eigenen Gefühlen und Wahrnehmungen abbringen lassen, sind wir manipulierbar. Was die Welt vor Gewalt und Terror bewahren kann, sind nicht moralische Appelle und politische Bekenntnisse. Nur durch das Mitfühlen mit anderen, mit ihrem Schmerz, den sie durch Demütigung, Erniedrigung und Gewalt erleben, lassen sich Diktatoren und Kriege verhindern. Dieses Mitgefühl können wir aber nur aufbringen, wenn wir auch einen Zugang zu unserem eigenen Schmerz finden.

Der Verlust unserer Träume

Meine eigene Jugend und meine frühen Erwachsenenjahre standen unter dem Eindruck des Nazi-Faschismus. Ich war aktiv gegen Verfolgung und politische Unterdrückung, und ich war froh, als meine Zeit kam, in die US-Army eingezogen zu werden, um meinen Beitrag zur Befreiung Europas von Hitler zu leisten. Die heutige Jugend gilt im Allgemeinen als zu unpolitisch und angepasst. Das stimmt in vielerlei Hinsicht. Ich mache jedoch auch die Erfahrung, dass viele junge Menschen, die mir begegnen, ein tiefes Gefühl für Gerechtigkeit haben. Sie setzen sich für benachteiligte Freunde ein und zeigen großes Interesse, wenn es um Fragen des Friedens geht. Ich spüre in ihnen die hoffnungsvolle Sehnsucht nach Verbundenheit und Menschlichkeit.

Wenn man Jugendliche nach ihren Träumen befragt, bekommt man häufig auch ernüchternde Antworten: Markenjeans und teure Uhren stehen als »kleine Träume« auf der Wunschliste, junge Mädchen haben die Vision, als Model oder Popstar Karriere zu machen, Jungs träumen davon, reich und berühmt zu werden. Mit dem, wovon Henry Miller[13] sprach, haben solche Sehnsüchte natürlich wenig gemeinsam. Träume von Designerklamotten und vom Bewundertwerden können weder Mauern sprengen noch rebellische Visionen schaffen. Im Gegenteil: Solche Träume gehen in einer für mich erschreckenden Weise mit den Erwartungen der »falschen Realisten« konform. Welchen Rat gibt der Vater dem pubertierenden Sohn, der sich von der Zukunft einen Porsche und ein Haus in der Karibik erträumt? »Mach ein gutes Abitur, passe dich an und schau, dass du erfolgreich Karriere machst. Dann kannst du dir das alles leisten.«

Damit sind wir wieder bei den Pseudo-Weisheiten, von denen das Hohelied auf Leistung und Profitstreben sicher eine der beliebtesten ist: Wer sich richtig anstrengt, kann alles erreichen. Oder, im Umkehrschluss: Die Welt ist gerecht, denn sie belohnt diejenigen, die Leistung erbringen und tun, was man von ihnen verlangt. Wer dagegen arm und hoffnungslos ist, hat es nicht besser verdient. Dieser »Arroganz der Satten«[14] und der falschen Realisten steht die Wirklichkeit unserer globalisierten Welt entgegen: Die Schere zwischen Arm und Reich klafft immer weiter auseinander. Während an den Kapitalmärkten um Profite in Milliardenhöhe gedealt wird, stirbt alle fünf Sekunden ein Kind an den Folgen von Unterernährung. Der größte Teil der Menschheit ist auf Grund von Hautfarbe, Geburtsort oder Geschlecht zu einem Schicksal verdammt, das kaum Hoffnung auf ein menschenwürdiges Leben zulässt. Die Globalisierung wird uns von Politikern und Ökonomen als Allheilmittel gegen diese Probleme verkauft. Ich zitiere hierzu Edward Goldsmith, Träger des Alternativen Nobelpreises und einer der profiliertesten Globalisierungsgegner, der solche Versprechungen als »Rationalisierungen für eine neue Art von konzerngesteuertem Kolonialismus, dem die armen Länder und die Armen in den reichen Ländern unterworfen werden«[15], bezeichnet. Die Wahrheit ist, dass nur das Kapital vom globalen Freihandel profitiert. Unrecht und Ungleichheit werden sich durch die neue Wirtschaftsordnung noch verschärfen. Das bedeutet auch eine zunehmende Bedrohung durch Kriege, terroristische Anschläge und alltägliche Gewalt. Trotzdem werden Globalisierungskritiker, die ihre Augen nicht vor solchen Tatsachen verschließen wollen, verächtlich als weltfremde Idealisten abgetan.

Empörung und der Protest gegen Ungerechtigkeit sind aus der Mode gekommen. Träume von Erfolg und Besitz haben die Träume von einer besseren und lebbaren Welt ersetzt. Unsere einseitige Ausrichtung auf Leistung, Stärke und Erfolg führt nicht nur dazu, dass wahre Lebendigkeit immer mehr aus unserem realen Leben gedrängt wird. Sie zerstört auch unsere Hoffung auf eine bessere Welt. Gleichzeitig lässt sie uns diejenigen verachten, die sich das Trugbild, das uns die Nutznießer dieser verdrehten Realitätsvorstellung vorgaukeln, nicht einverleiben wollen.

Mit diesen Zusammenhängen möchte ich mich nun etwas ausführlicher beschäftigen.

Die Sehnsucht nach Verbundenheit

Wahre Träume sind Träume, die aus unserem Inneren kommen. Sie speisen sich aus einer emotionalen Welt, die den Kern unserer Menschlichkeit bildet und die geprägt wurde durch früheste Erfahrungen zu Beginn unseres Lebens, als wir noch nicht geboren und eins mit unserer Mutter waren. Diese Verbindung war eine absolute, es war ein Zustand der Übereinstimmung. In diesem Einssein mit der Mutter gab es im Allgemeinen keine Beschwernisse, es gab noch keine Angst vor dem Alleinsein oder der Trennung. Im Prinzip sehnen wir uns unser ganzes Leben lang nach einem solchen Zustand zurück, nach diesem Gleichklang, den wir einmal erlebt und danach verloren haben. Der Traum von der großen romantischen Liebe ist oft Ausdruck dieser Suche nach einer Verschmelzung, aber auch nach einer tiefen Verbundenheit mit der Menschheit. Hier wurzelt auch die Sehnsucht nach einer liebevollen konfliktfreien Welt.

Mit Schreien reagiert der Säugling auf die plötzliche Trennung von der Mutter und auf den Verlust seiner Behaglichkeit. Søren Kierkegaard, der dänische Philosoph, schrieb einmal, dass wir in dem Moment, in dem wir uns plötzlich als allein erleben, auch gleichzeitig spüren, dass wir nicht allein sein können.[16] In diesem Moment beginnt die Sehnsucht. Wir sehnen uns nach der liebevollen Erfüllung und suchen den anderen, mit dem wir verschmelzen können, um uns ruhig und gestärkt zu fühlen. Später, als Jugendliche, träumen wir von der großen Liebe, von dem Partner, der uns aus der Einsamkeit erlöst. Viele träumen auch davon, für eine bessere Welt zu kämpfen, die Natur vor Zerstörung zu schützen, Benachteiligte zu retten und Unrecht wieder gut zu machen. Deshalb sind solche Träume auch Ausdruck eines sich entwickelnden rebellischen Wesens, das Veränderungen will und das geprägt ist von einer Suche nach wahrer Verbindung mit der Menschheit und allem, was lebt.

Warum aber geben wir diese Suche auf? Warum verraten wir unsere Träume? Hinter dieser Frage verbirgt sich die ganze Tragik unseres Daseins. Wir alle kennen dieses Problem: Die Sehnsucht nach einem anderen Menschen ist groß, doch wenn uns derjenige, den wir begehren, tatsächlich nahe kommt, stoßen wir ihn häufig zurück. Der Grund für dieses widersprüchliche Verhalten ist in der Kindheit zu suchen. Die Beziehung zu den Eltern ist die erste unseres Lebens. Sie prägt uns ihr Muster auf, in ihr entwickeln wir – mehr oder weniger – die Fähigkeit, eine Verbindung mit anderen Menschen zu suchen, herzustellen und aufrechtzuerhalten. Eltern können diese Fähigkeit fördern, aber auch behindern.

Wie wir Liebe lernen

Eltern sagen, dass sie ihre Kinder lieben, und es kommt uns so vor, als wäre diese Liebe etwas Naturgegebenes, das jedes Kind in irgendeiner Weise erlebt. Mütterliche und väterliche Liebe erscheinen uns so selbstverständlich, dass wir gar nicht auf die Idee kommen, sie in Frage zu stellen. Trotzdem: Elterliche Liebe ist bei uns keineswegs selbstverständlich, und sie wird bei weitem nicht jedem Kind zuteil! Tag für Tag spreche ich mit Patienten und anderen Menschen, denen es in ihrer Kindheit an einem liebevollen Angenommensein durch die Eltern gefehlt hat und die bis weit in ihr Erwachsenenleben unter den Folgen leiden. Bis heute berührt es mich, immer wieder zu erleben, wie schwer Menschen die innere Konfrontation mit diesem Mangel fällt. Selbst solche, die in ihrer Kindheit offener Ablehnung und direkter Gewalt ausgesetzt waren, brauchen dazu viele Jahre. Anderen gelingt es nie.

Die Liebe von Eltern in Frage zu stellen, ist eines der großen Tabus unserer Zivilisation. Und für Menschen, die als Kinder abgelehnt und missachtet wurden, ist es ein äußerst schmerzhafter Prozess, sich dieser Tatsache zu stellen. Wir sind als Säugling auf die Liebe und Fürsorge unserer Eltern angewiesen. Ohne das Gefühl des Aufgehoben- und Angenommenseins durchlebt ein kleines Kind furchtbare Todesängste, die es nicht ertragen kann. Ein Baby ist nicht in der Lage, in Missachtung und Lieblosigkeit zu leben. Es braucht Aufmerksamkeit und Liebe genauso wie es Nahrung, Wärme und körperliche Nähe braucht.

Wenn Kindern ein behütender und emotional zuverlässiger Rahmen fehlt und sie von ihren Eltern missachtet werden, kommt in ihrem Inneren ein fataler Prozess in Gang, der ihr ganzes weiteres Leben bestimmt: Die tatsächlich erfahrene Lieblosigkeit wird in ein Gefühl von Liebe und Geborgenheit verkehrt. Um seelisch überleben zu können, fängt hier ein Leben in Illusionen an. Zum gleichen Zeitpunkt beginnt das Kleinkind, sich selbst und seine Bedürfnisse und Wahrnehmungen abzulehnen, so wie es ja auch seine Eltern tun. Es beginnt, stattdessen ein falsches »Selbst« zu leben, das nicht sein eigenes ist, das jedoch den Erwartungen seiner Eltern entspricht. Diese Verleugnung und Abspaltung des Eigenen wird im Weiteren sein Leben und seine Beziehungen prägen.

Auf diesen zentralen Moment der menschlichen Entwicklung werde ich noch mehrfach zurückkommen, denn er ist entscheidend dafür, ob wir unser Leben in Frieden oder Feindschaft mit anderen führen.

Als ich Paula das erste Mal sah, war sie 19 Jahre alt. Sie hatte das Gesicht einer Madonna und trug eine Punkfrisur. Cool sein war ihr wichtig. Sie bezeichnete sich als Rebellin, weil sie an vielen Demonstrationen überall in Europa teilgenommen hatte. Ihre Eltern waren erfolgreiche Anwälte und gehörten zur Aristokratie der Stadt. Paula hatte etwas hartnäckig Forderndes, und ich spürte die Wut, die in ihr war. Sie war ein intelligentes Mädchen und konnte andere stark für sich einnehmen. Ein Ehepaar, das sie als Tramperin im Auto mitgenommen hatte, gab ihr, einer Unbekannten, sogar den Schlüssel zu ihrem Wochenendhaus. Paula jedoch hatte nur abfällige Worte für diese Leute übrig. Es war ihr unmöglich, positive Gefühle wie Dankbarkeit auszudrücken, denn diese waren eine Falle für sie.

Die Eltern hatten Paula verwöhnt. Was immer die Tochter haben wollte, bekam sie. Doch das Geben der Eltern war kein freies, bedingungsloses Geben gewesen. Paula sollte ein Aushängeschild für die Eltern sein. Das an Leistung und gesellschaftlichem Status orientierte Paar wollte mit der Tochter angeben und sich so vor anderen als besonders gute Eltern präsentieren. Für die wahren Bedürfnisse und Sorgen ihrer Tochter hatten sie jedoch keinen Sinn. Sich einfach auf Gefühle einzulassen hieß für Paula, das Spiel der Eltern mitzuspielen und so zu tun, als ginge es um Liebe und nicht um gegenseitigen Betrug mit dem Ziel, das Image der Eltern zu bestätigen. Hier lag ihre Verletzung: Sie wurde nicht um ihrer selbst willen geliebt. Die Eltern hatten sie verwöhnt, um ihre Liebe zu kaufen und sie als ihr Eigentum gefügig zu machen.

Paula wehrte sich dagegen, indem sie keine Gefühle an sich herankommen ließ. So konnte ihr niemand mehr weh tun, sie machte sich »unverletzbar«. Um in der falschen Liebe ihrer Eltern überleben zu können, verweigerte sie ihr eigenes Bedürfnis nach Liebe. Um sich von Heuchelei zu befreien, verlor sie die Fähigkeit zur Nähe – das, worum es ihr in ihrer Rebellion ja ging.

Paula ist kein Einzelfall. Es gibt viele Eltern, die ihre Kinder zu ihrer Selbstbestätigung als »gute Eltern« benötigen und dadurch missbrauchen. Kinder spüren das sehr wohl, auch wenn sie diesem Gefühl nicht Ausdruck verleihen können. Wie sollten sie auch? Sie würden damit alle Welt gegen sich aufbringen und sich selbst den Boden ihrer Existenz unter den Füßen wegziehen. Wenn Eltern ihr Kind auf diese Weise benutzen, wird nicht nur dessen eigenes Wesen ignoriert und eingeschränkt. Eine derart respektlose elterliche »Liebe«, die ja ein Missbrauch des Kindes ist, zerstört auch dessen Fähigkeit, mit anderen Menschen eine liebevolle Verbindung einzugehen. Liebe, die ja eigentlich Ausdruck menschlicher Nähe ist, verkommt zu etwas, was die eigene Existenz bedroht und deshalb Angst macht.

Diese Angst kann jedoch nicht wahrgenommen werden, was mit jenem komplizierten Prozess zu tun hat, in dem – wie bei Paula – die Logik der Eltern umgekehrt wird, um die schmerzhafte Erkenntnis zu vermeiden, dass diese sie nicht wirklich liebten und nur »kaufen« wollten. Wie viele, die in einem solchen Prozess gefangen sind, überdeckte Paula ihre Angst, indem sie ihre Eltern gewissermaßen erpresste. Sie forderte von ihnen immer mehr und vermittelte ihnen gleichzeitig das Gefühl, dass es nie genug war und dass die Eltern sie nie zufrieden stellen können. Auf eine solche Weise geraten beide, Eltern und Kind, in einen endlosen Teufelskreis: Um sich nicht der Realität einer auf »Kaufen« ausgelegten Beziehung stellen zu müssen, geben Eltern dem Verlangen des Kindes immer wieder nach, was letztlich zu immer neuen Forderungen führt. Aber die Angst vor Nähe wird aus dem Bewusstsein gedrängt und steuert unbewusst ein Leben lang unser Verhalten.

Pascal Mercier beschreibt diesen Zustand des Unbewussten mit literarischen Worten: »Von tausend Erfahrungen, die wir machen, bringen wir höchstens eine zur Sprache, und auch diese bloß zufällig und ohne die Sorgfalt, die sie verdiente. Unter all den stummen Erfahrungen sind diejenigen verborgen, die unserem Leben unbemerkt seine Form, seine Färbung und seine Melodie geben. Wenn wir uns dann, als Archäologen der Seele, diesen Schätzen zuwenden, entdecken wir, wie verwirrend sie sind.«[17]

Was ist das überhaupt – Liebe?

Wenn wir von Liebe reden, dann denken wir meistens an die romantische Liebe, die Mann und Frau, manchmal auch Mann und Mann oder Frau und Frau verbindet. Daneben gibt es viele andere Erscheinungsformen für das, was wir Liebe nennen: Die Großmutter, die ihren Enkel liebt, das junge Mädchen liebt sein Pferd, die alte Dame ihren Garten, die Mutter ihr Kind. Auf jeden Fall glauben wir zu wissen, was Liebe ist, wenn wir sie sehen oder erleben. Dabei vergessen wir, dass unsere Vorstellungen von Liebe kulturell vorgeprägt sind. Das Bild, das wir mit dem Begriff Liebe verbinden, ist durch persönliche Erfahrungen, aber auch durch gesellschaftliche Konventionen und Normen bestimmt.

Ich möchte dies an einem Beispiel erläutern, das aus jener Zeit stammt, in der christliche Missionare in die Welt zogen, um sogenannten »Wilden« ihre Vorstellung von der »zivilisierten« Liebe beizubringen. Der Jesuiten-Pater Le Jeune verbrachte im 17. Jahrhundert längere Zeit bei den Montagnais-Maskapis-Indianern in Kanada.[18] Der Stamm pflegte ein zufriedenes und friedliches Leben. Herrschaftsverhältnisse untereinander waren ihnen unbekannt, Männer und Frauen waren gleich, die Bedürfnisse der Kinder wurden selbstverständlich respektiert. Le Jeune hatte es sich zur Aufgabe gemacht, den »Barbaren« eheliche Treue beizubringen. Um deren Sinn zu illustrieren, wies er die Indianer darauf hin, dass ein Mann doch gar nicht wissen könne, ob sein Sohn auch tatsächlich sein Sohn sei, wenn Männer und Frauen es nicht so genau mit ihren sexuellen Bindungen nähmen. Die Angesprochenen schauten ihn zunächst verständnislos an. Plötzlich dämmerte es dem Häuptling. »Du verstehst nichts«, sagte dieser kopfschüttelnd zu dem Pater, »ihr Franzosen liebt nur eure eigenen Kinder. Wir aber lieben alle Kinder unseres Stammes.« Da den Indianern Besitz fremd war und Kinder nicht als Eigentum gesehen wurden, liebten sie die Lebendigkeit in allen Kindern.

Liebe als Freiheit – Liebe als Besitz

In unserer »zivilisierten« Kultur hat Liebe fast immer etwas mit Besitz zu tun. Das ist uns so selbstverständlich geworden, dass wir es gar nicht mehr bemerken. Die Montagnais-Maskapis-Indianer dagegen liebten ihre Kinder in uneigennütziger Weise, sie vertrauten auf deren eigene Möglichkeiten und versuchten nicht, sie nach ihren Wünschen und Vorstellungen zu formen. »Diese Primitiven machen es uns unmöglich, ihren Kindern etwas beizubringen«, klagte Pater Le Jeune. »Sie lassen es nicht zu, dass ihre Kinder gezüchtigt werden ... Ich möchte die Kinder von ihren Eltern getrennt an einem anderen Ort unterrichten, weil diese Barbaren es nicht aushalten, dass ihre Kinder bestraft und auch nur gescholten werden. Sie schaffen es nicht, einem weinenden Kind etwas zu verweigern.«[19]

Wenn Kinder unterschwellig als Besitz betrachtet werden, dann heißt das auch immer, sie in ihrem eigenen Sein zu unterdrücken. Besitz erscheint uns heute ja deshalb so erstrebenswert, weil er uns die Macht gibt, über das, was wir besitzen, nach Lust und Laune zu verfügen. Unter solchen Bedingungen lieben Eltern ihr Kind dafür, dass es ihren Bedürfnissen entspricht, und nicht für seine eigene unabhängige Lebendigkeit. Unsere Kultur, die Kindern ein eigenes Selbst weitgehend abspricht, unterstützt solche »Besitzverhältnisse« zwischen Eltern und Kind. Ein Säugling gilt selbst vielen Fachleuten als leere Hülle, die von den Eltern mit Inhalt gefüllt werden muss.

Ich möchte noch einmal am Beispiel aus einer anderen Kultur verdeutlichen, wie solche gesellschaftlich geprägten Vorurteile die Entwicklung eines Menschen beschränken.

Der Ethnologe Irenäus Eibl-Eibesfeldt[20] dokumentierte in den 60er und 70er Jahren des letzten Jahrhunderts die Riten traditioneller Kulturen in Afrika, Asien und Südamerika. Bei dem Stamm der Eipos in West-Neuguinea filmte er, mehr aus Zufall, folgende Szene, die sich zwischen einer Mutter und ihren beiden kleinen Kindern abspielte: Der Junge hat ein Tarostück in der Hand, eine Art Brot, an dem er knabbert. Seine Schwester greift danach, woraufhin beide Kinder zu weinen beginnen. Die Mutter eilt herbei, die Kinder lächeln sie an. Der Junge reicht ihr von sich aus das Tarostück. Die Mutter bricht es durch und gibt beide Teile an den Jungen zurück. Zunächst erstaunt darüber, dass er plötzlich zwei Stücke hat, reicht er die eine Hälfte seiner Schwester.

Wie würden sich Eltern bei uns verhalten? Ich weiß, was ich mit meinen Kindern tat: In der Überzeugung, ihnen das Teilen beibringen zu müssen, reichte ich selbst jedem Kind in einer ähnlichen Situation ein Stück und kam mir dabei sehr vorbildlich vor. Sicher würden wenige Eltern ihren Kindern zutrauen, aus eigenem Antrieb etwas abzugeben und zu teilen. Ohne ihr Verhalten auf seine Vorprägung zu hinterfragen, geben so auch wohlmeinende Eltern einfach weiter, was sie selbst in ihrer Kindheit erfahren haben.

Das eigene Potential eines Kindes, von sich aus sozial zu handeln, verkümmert auf diese Weise. Das Kind hat nicht die Möglichkeit, in sich hinein zu horchen und seine eigenen mitfühlenden Fähigkeiten als Maßstab seines Verhaltens zu entwickeln. Stattdessen wird ihm ein Gefühl von Minderwertigkeit vermittelt und es lernt, reduziert und folgsam auf von außen vorgegebene Anweisungen zu reagieren. Wir glauben, der menschlichen Natur zu entsprechen und erkennen nicht, dass wir Vorurteile und eine reduzierte Sicht des Menschen weitergeben. Wir stellen uns nicht selbst in Frage und bleiben so in einer Denkweise gefangen, die unsere Möglichkeiten verneint. Bereitwillig übernehmen wir die Meinung, alles Verhalten sei auf genetische Vererbung zurückzuführen. Diese erspart uns die mühsame Aufgabe, wirklich Verantwortung für unser Leben zu übernehmen, indem wir uns anschauen, wie wir entstanden sind und wie wir das, was uns geprägt hat, an unsere Kinder weitergeben.

Die kulturellen Voreingenommenheiten, die ja auch durch viele pädagogische Theorien unterstützt werden, schränken nicht nur unsere Wirklichkeit ein. Sie werden auch mit wissenschaftlichem Segen zu Wahrheiten über die menschliche Natur erklärt. Auf diesem Wege wird das Gehorsamkeitsprinzip gesellschaftlich tradiert. Wenn man Kinder als von Natur aus egoistisch und asozial einstuft, rechtfertigt dies die erzieherische Autorität der Eltern. Die Unterdrückung der kindlichen Möglichkeiten und seine Unterwerfung unter den Willen der Erwachsenen produziert im Kind jedoch Hilflosigkeit und wird so zur Quelle von Gefühlen der Wertlosigkeit sowie einer tiefen Wut. Das Kind kann diese Wut jedoch nicht gegen die Verursacher, seine Eltern, richten. Es will diese ja nicht verärgern und gegen sich aufbringen. So bleiben ihm nur zwei Möglichkeiten: Es wendet seine Aggressionen gegen sich selbst, was dann Masochismen zur Folge hat. Alternativ können solche Menschen ihre Wut auch auf Dritte umleiten, die allgemein als schwach eingestuft werden. Hier haben Feindbilder ihre Ursachen: Wir brauchen sie, um mit unserem eigenen geschädigten Selbst weiter zu leben und uns vor dem Gefühl eigener Minderwertigkeit zu schützen. So werden Aggressionen auf andere projiziert, damit man sich selbst als aufrecht gehend erleben kann. Leider definiert unsere Kultur dieses pathologische Verhalten als »gesunde« Normalität. Ich werde auf diesen für die Frage nach

Krieg oder Frieden wichtigen Punkt noch zurückkommen.

Wenn ein Kind kein Echo findet – ein Beispiel aus meiner Praxis

Einer meiner Patienten suchte mich auf, weil er Probleme in der Beziehung zu seiner Frau hatte. Wirkliche Nähe konnte er zu einer gleichberechtigten Partnerin nicht zulassen. Kleine Kinder dagegen rührten sein Herz und weckten in ihm den Wunsch, ihnen beizustehen und sie aus ihrer Hilflosigkeit zu befreien. Er selbst hatte in seiner Kindheit kaum Anteilnahme und Unterstützung durch die Eltern erlebt. Einmal erzählte er mir von einer Begebenheit mit seinem Vater. Er hatte diesen um etwas Geld gebeten, weil er sich einen alten Plattenspieler zusammenbasteln wollte. Der Vater ignorierte die Frage seines Sohnes und ging auf dessen Ansinnen überhaupt nicht ein. Er begann einfach, von etwas ganz anderem zu reden. Diese Situation zeichnet ein deutliches Bild davon, wie es meinem Patienten als Kind ergangen ist – seine Bedürfnisse wurden einfach übergangen, er fand dafür kein Echo, für seine Eltern war sein Sein nicht existent.

Lange erkannte der Patient nicht, wie schmerzvoll diese Erfahrungen für ihn waren und wieviel Wut sie in ihm ausgelöst hatten. Da die Eltern ihre Ablehnung nicht offen und direkt zeigten, war es auch schwer für ihn, sie als Verursacher und Adressaten der Wut zu erkennen. In dieser kaum erträglichen Situation tat der Sohn, was viele Kinder unter solchen Umständen tun: Er idealisierte seinen Vater, um sich dadurch dessen Macht einzuverleiben. Das heißt, er kompensierte seine erlebten Minderwertigkeitsgefühle durch Identifikation mit dem Vater und dessen vermeintlicher Stärke. Gleichzeitig distanzierte er sich von seinen eigenen Wahrnehmungen und Bedürfnissen. Sein inneres Erleben versiegte. Wahre Gefühle zu seiner Frau konnte er nicht zulassen, weil diese den alten Schmerz belebt hätten, den er ja ein- und weggemauert hatte. In seiner Kindheit hatte der Patient seinen seelischen Hunger durch übermäßiges Essen kompensiert. Erst während der Therapie wurden ihm sein Schmerz und sein seelischer Hunger bewusst.

Menschen, deren Kindheit von Lieblosigkeit geprägt war, wappnen sich ein Leben lang vor dem Schmerz, der aus diesem frühen Erleben emporsteigt. Sie müssen immer »stark« sein und alles unter Kontrolle halten. Diese Entwicklung nimmt einen fatalen Verlauf, wenn Schmerz durch die Eltern zudem als Schwäche eingestuft wird, was in unserer Kultur häufig der Fall ist. Die Erniedrigung und die Scham über diese »Schwäche« kann ein Kind nur kompensieren, indem es sich mit den lieblosen Eltern identifiziert, um sich auf diese Weise deren »Kraft« einzuverleiben. Diese »Identifikation mit dem Aggressor«, wie Sándor Ferenczi[21] und Anna Freud[22] den Vorgang nannten, wird zum Weg, den Zustand der Hilflosigkeit zu überwinden, um so seelisch zu überleben. Die Verleugnung des Schmerzes führt jedoch dazu, zeit seines Lebens den Schmerz außerhalb seiner selbst zu suchen, indem man anderen Leid zufügt. Diese Entwicklung setzt früh ein. Erste Anzeichen lassen sich schon in Kindergärten beobachten, wenn einige Kinder immer wieder das Spiel anderer stören oder sogar gewalttätig gegen andere Kinder werden.

Das Abtöten der Gefühle

Schrecklich an dieser Entwicklung ist, dass gerade solche Kinder, die am eigenen Leib Schmach und Erniedrigung erlebt haben, diese Erfahrung an andere, die sie für »schwach« halten, weitergeben. Sie haben ihre eigenen Gefühle verstoßen, um auf diese Weise die Bindung an jene aufrecht zu erhalten, die ihnen Leid zugefügt haben. Diese Entwicklung verläuft umso drastischer, je größer der Schmerz war und je stärker Schmerz als Schwäche gebrandmarkt wurde. Die Nazis wussten sich diesen psychischen Prozess zu Nutze zu machen: In der Erziehungsorganisation Napola wurden Kinder systematisch in die Verrohung getrieben. Zunächst überließ man ihnen ein Tier, das sie zärtlich pflegen durften.[23] Dann wurde ihnen ein Messer gegeben, mit dem sie den Hund oder die Katze töten mussten. So wollte sich Hitler eine harte Jugend heranziehen.

Alles Vergangenheit? Keineswegs! Unter den Augen der Weltöffentlichkeit werden heute in zahlreichen afrikanischen und südamerikanischen Ländern Kinder auf nicht minder bestialische Weise zu Kindersoldaten abgerichtet. Mit dem Ziel, sie gefühllos und brutal zu machen, werden die Minderjährigen wie Tiere gehalten. Sie werden grausam gequält und gefoltert und durch Vergewaltigung zusätzlich erniedrigt. Ihr Ehrgeiz wird dadurch angespornt, dass sie sich durch besondere Grausamkeit vor anderen profilieren können. Wer anderen Kindern hilft, wird aufs härteste bestraft. Befragt man ehemalige Kindersoldaten über die Gräueltaten, antworten sie meist unbeteiligt und ohne Gefühle. So berichtete ein 14jähriger Junge aus Sierra Leone: »Um zwei Uhr werden die Augen ausgestochen, um drei wird eine Hand abgeschnitten, um vier ist dann die andere dran. Um fünf wird ein Fuß abgeschnitten, um sechs der andere. Dann sterben sie meist.«[24] Hier haben wir ein extremes Beispiel dafür, wie Kinder kalt und gefühllos für das Leid anderer gemacht werden, indem man sie erniedrigt, quält und sich »stark« fühlen lässt, indem sie ihre Erniedrigung und ihren Schmerz an andere weitergeben.

Männlichkeitswahn und Heldenmythos

Gewalt gilt vielen immer noch als Ausdruck von Stärke und männlicher Heldenhaftigkeit. Dahinter jedoch stehen die Angst und die Schwäche von Menschen, die nie sie selbst sein durften und deshalb Töten mit Lebendigsein verwechseln. Wenn es überhaupt so etwas wie »Heldenhaftigkeit« gibt, dann ist sie bei solchen Menschen zu finden, die auch im Krieg den Mut hatten, zu ihren Gefühlen zu stehen und dem Druck zu sinnlosem Töten zu widerstehen. Studien belegen[25], dass es in Kriegen solche Menschen gegeben hat. Sie sind nicht nur eine Hoffnung für den Frieden, sondern widerlegen auch die Behauptung, der Mensch sei von Natur aus ein von bösartiger Aggression getriebenes Wesen.

Im amerikanischen Bürgerkrieg haben etwa 80 Prozent der Soldaten nie ihre Flinte abgefeuert.[26] Für diese Menschen verstieß das Töten gegen innere Vorbehalte. Im Vietnamkrieg beteiligten sich etwa ein Fünftel der Soldaten nie an Folterungen, Vergewaltigungen und der Ermordung von Zivilisten und Kriegsgefangenen.[27] Wie sich bei Untersuchungen herausstellte, waren dies Männer, die ihre eigenen Ängste akzeptierten, die es nicht nötig hatten, ihre Männlichkeit unter Beweis zu stellen, und die immer bereit waren, anderen zu helfen. Ganz anders die sogenannten Green Berets. Diese US-Eliteeinheit war in Vietnam für ihre besondere Härte und Grausamkeit bekannt. Der Forscher David Mark Mantell[28] untersuchte die Lebensgeschichte dieser Soldaten und verglich sie mit der von Kriegsdienstverweigerern. Er kam zu eindeutigen Ergebnissen: Die Kriegsdienstverweigerer waren mit Eltern oder Bezugspersonen aufgewachsen, die sie in ihrem Kindsein weitgehend akzeptierten. Im Gegensatz dazu hatten die Green Berets eine ausgesprochen autoritäre Erziehung mit massiver körperlicher Gewalt erfahren.

Feingefühl wurde von den Eltern verachtet, das Bedürfnis nach Zärtlichkeit als Schwäche bestraft. Es gab keine mitfühlende Emotionalität, die Jungen waren vielmehr einem überwältigenden System »moralischer« Regeln unterworfen. Die Eltern hatten Gehorsamkeit und Konformität erwartet und mit harten Strafen durchgesetzt. Die Jungen wuchsen zu beruflich erfolgreichen Männern heran, deren extremer Gehorsam sich im Vietnamkrieg zur blinden Befehlsunterwerfung steigerte. Für die furchtbaren Vergehen, die sie dort auch an Frauen, Kindern und alten Menschen begangen hatten, fehlte ihnen jedes Gefühl von Schuld, Scham und Verantwortung.

Kinder, denen man die Möglichkeit nimmt, ihre eigenen Wahrnehmungen und ihre Bedürfnisse nach Wärme und Liebe zum Kern ihrer Persönlichkeit zu machen, neigen auch als Erwachsene dazu, sich anzupassen und zu unterwerfen. Unterschwellig jedoch sind sie von Wut und Hass auf alles Lebendige erfüllt. Ihre Gewaltbereitschaft lässt sich schnell aktivieren, wenn ihnen passende Feindbilder angeboten werden. Auch die Nazis waren geprägt durch eine autoritäre Erziehung, in der Disziplin und Gehorsam oberste Prinzipien waren und Zärtlichkeit als Schwäche abgelehnt wurde.

Kulturen wie die der Eipos oder der Montagnais-Maskapis-Indianer brachten ihren Kindern dagegen Vertrauen und Wertschätzung entgegen. So konnten sich diese in ihrem Wesen geliebt und anerkannt fühlen. Wenn dagegen das Eigene von Kindern abgewertet und unterdrückt wird, sind Feindseligkeit und paranoide Tendenzen die Folge. Solche Menschen fühlen sich nur wirklich lebendig, wenn sie zerstörerisch sein können, sei es durch direkte oder indirekte Gewalt.

Überlegungen zur Natur des Menschen

Die Erfahrungen, die solche Menschen in ihrer Kindheit machen, bestimmen im Allgemeinen auch ihr Verhalten, wenn sie einmal Eltern sind. Da sie selbst nichts anderes erlebt haben, werden sie dazu neigen, auch ihre eigenen Kinder ohne Respekt und Einfühlung zu behandeln. So wird über Generationen Lebensfeindlichkeit weiter »vererbt« – nicht über Gene, wie heute viele glauben, sondern über Eltern-Kind-Beziehungen, die von Ablehnung und Unterdrückung geprägt sind. Die aggressiven Verhaltensmuster, die daraus resultieren, sind uns so selbstverständlich geworden, dass wir sie als unveränderlichen Bestandteil unserer Existenz hinnehmen. Entsprechend akzeptieren wir unhinterfragt jene Pseudowahrheiten, die Kriege einer egoistischen menschlichen Natur zuschreiben, die von Aggressionen beherrscht ist und deshalb den Kampf sucht.

Die Vorstellungen, die wir von der menschlichen Natur haben, sind in Wahrheit jedoch vorgeformte Ideen und Ideologien, die mit kulturellen Prinzipien wie Männlichkeit und Stärke, Besitz und Wettbewerb zu tun haben. Das Gerede über die »böse« Natur des Menschen hat mit gesicherten Erkenntnissen wenig zu tun. Wenn man sich mit der menschlichen Entwicklungsgeschichte beschäftigt, entdeckt man auch immer Beispiele, dass Menschen anders miteinander leben können.[29] So gab es in den von Frauen bestimmten matriarchalen Gesellschaften vor 8 000 bis 10 000 Jahren weder Kriege noch Verteidigungssysteme. Anthropologen haben außerdem darauf hingewiesen, dass frühe Vorfahren wie die Neandertaler sehr fürsorglich mit ihren Mitmenschen umgingen und miteinander ein friedliches Leben führten.[30] Der Skelettfund eines Neandertalers weist darauf hin, dass dieser Mensch über einen langen Zeitraum gepflegt und versorgt worden war. Nur so war die Heilung einer Verletzung, die sein Schädel aufwies, erklärbar.

Ein Überleben der menschlichen Spezies wäre ohne emotionale Verbundenheit und Zusammenhalt nicht möglich gewesen. Auch dafür gibt es wissenschaftliche Hinweise.[31] Sie deuten darauf hin, dass nicht aggressives Gegeneinander, sondern auf Kooperation ausgerichtetes Verhalten das gesellschaftliche Leben unserer frühesten Ahnen bestimmte. Erst die Sozialisation unserer modernen Zivilisation führte zu Herrschaftsverhältnissen und Rivalität, die uns heute so »normal« vorkommen. Wir schauen abschätzig auf unsere Vorfahren als primitive Wesen zurück und erkennen nicht, dass unser Bild, das wir von ihnen entworfen haben, falsch ist und vor allem unser eigenes Selbstbild als überlegene Krönung der Evolutionsgeschichte bestätigen soll.

Wettbewerb und Dominanz sind typische Merkmale unseres heutigen Zusammenlebens. Zwar sind Herrschaftsstrukturen in demokratischen Gesellschaften nicht immer offensichtlich. Sie prägen jedoch von der Erziehung der Kinder bis zum Berufsleben unseren Alltag. Soziale Hierarchien sind so selbstverständlich, dass wir sie gar nicht mehr bemerken. Das Vergleichen mit anderen ist als Prinzip in unserer Kultur festgeschrieben. Wir sind nicht einfach, wie wir sind, sondern wir sind immer mehr oder weniger, besser oder schlechter, schlauer oder dümmer, attraktiver oder weniger attraktiv.

Rivalität und ein Gegeneinander sind quasi als Erhaltungsprinzipien in unsere gesellschaftlichen Strukturen eingebaut. Das hat nicht nur tragische Konsequenzen für den einzelnen Menschen und das soziale Klima, das von Spannungen, Misstrauen, Feindseligkeit und Angst bestimmt wird. Langfristig gesehen sind Gesellschaften, die nicht das Miteinander, sondern das Gegeneinander fördern, zum Untergang verurteilt.[32] Um Kriege zwischen Nationen zu verstehen, müssen wir uns auch den Kriegen stellen, die wir meistens anstandslos als Teil unseres alltäglichen Lebens hinnehmen – am Frühstückstisch und im Klassenzimmer, auf den Straßen, in den Medien, am Arbeitsplatz.

Wenn Kooperation und sozialer Zusammenhalt eine Gemeinschaft charakterisieren, kann jedes Mitglied sein eigenes Potential entfalten und der Allgemeinheit zur Verfügung stellen. Das aufeinander bezogene Miteinander führt – das lässt sich sogar in Gruppen von Schimpansen aufzeigen[33] – zur Entwicklung von verantwortlichem Verhalten, denn jeder einzelne ist unmittelbar mit den Auswirkungen seines Tuns konfrontiert und kann sein Verhalten entsprechend korrigieren. Auf Dominanz ausgerichtete Gesellschaften dagegen schwächen sich selbst, da sie die positiven Entwicklungsmöglichkeiten ihrer Mitglieder hemmen, aber deren zerstörerische Tendenzen stärken. Bösartige Aggressionen sind ein fester Bestandteil solcher Strukturen, da immer eine Verachtung für die »Schwächeren« sowie Neid und Hass auf die in der Hierarchie höherstehenden angeregt werden. Auf individueller Ebene fördert Dominanz Isolation und psychologische Distanz – beides Zustände, die dem Zusammenhalt einer Gruppe entgegenwirken.

Erst Mitgefühl macht den Menschen zum Menschen

Was Menschen verbindet, ist die Empathie, das Mitgefühl. Durch Empathie sind wir in der Lage, uns in die Situation anderer hineinzufühlen und deren Bedürfnisse, Wünsche, Gedanken und auch Bewegungen nachzuempfinden. Einfühlungsvermögen macht dem Menschen seine Entwicklung überhaupt erst möglich, denn sie ist die Basis aller frühen Lernerfahrungen. Empathie ermöglicht es schon dem Fötus, mit der Mutter zu interagieren, und sie lässt den Säugling schließlich zu einem Individuum mit autonomen Erfahrungen und einer eigenen Lebenswelt heranwachsen.[34] Trotzdem wird die entscheidende Rolle, die das Mitgefühl für die menschliche Entwicklung spielt, von den meisten Wissenschaftlern noch immer ignoriert.

Empathische Vorgänge sind in der rechten Gehirnhälfte lokalisiert, also dort, wo auch unsere Gefühle ihre Entsprechung haben. Anthropologen machten kürzlich die Entdeckung[35], dass es dieser Teil des Gehirns ist, der sich im Laufe unserer zweieinhalb Millionen Jahre alten Evolutionsgeschichte vergrößert hat. Für die Wissenschaftswelt war diese Entdeckung eine große Überraschung. Schließlich ging man immer davon aus, dass wir unseren Vorfahren durch unsere größeren intellektuellen Fähigkeiten überlegen sind. In diesem Fall hätte allerdings die linke und nicht die rechte Gehirnhälfte an Volumen zunehmen müssen.

Wir reden viel von Mitgefühl und Menschlichkeit. Hinter dieser Rhetorik verbirgt sich jedoch oft nur die Absicht, durch die Pose der Gefühle andere zu manipulieren. Tatsächlich drückt sich darin eine Verachtung des Mitgefühls aus. Der Mensch, so die gängige Meinung, zeichnet sich nicht durch seine emotionalen, sondern durch seine kognitiven Fähigkeiten aus. Sprache und abstraktes Denkvermögen verleihen ihm seine Überlegenheit über die Tiere, und auch die Menschheitsgeschichte wird als eine Entwicklung vom minderwertig Primitiven zum höherstehenden zivilisierten Zeitgenossen interpretiert. Die Evolution gerät aus dieser Sicht zu einem ständigen Kampf, in dem der Schwächere ausgeschaltet und durch den Stärkeren ersetzt wurde.

Die naturwissenschaftliche Denkweise, die das Leben auf ein mechanisches Funktionieren gleich einer Maschine reduziert, verleugnet die zentrale Bedeutung, die Gefühle für das Menschsein haben. Disziplinen wie die Biochemie oder die Gentechnik gehen von einem Modell aus, das der Komplexität menschlichen Verhaltens und Erlebens bei weitem nicht gerecht wird. Die Tatsache, dass wir Gene manipulieren und einige Symptome durch Psychopharmaka kontrollieren können, bedeutet eben *nicht*, menschliches Leben zu verstehen. Kontrolle über physiologische Vorgänge zu haben, wird irrtümlicherweise gleichgestellt mit dem Verstehen der Ursachen.

Ich möchte das am Beispiel der Angst erklären. Durch die moderne Hirnforschung wissen wir inzwischen, welche Verbindungen im Gehirn aktiviert sind, wenn ein Mensch Angst empfindet. Die Erregung dieser Nerven lässt sich dann mit entsprechenden Medikamenten blockieren, wodurch die Angst beeinflusst werden kann. Das bedeutet aber nicht, dass wir etwas über die Angst als solche wissen. Auf diese Weise Gefühle zu kontrollieren ist eben nicht gleichbedeutend damit, etwas über deren Erleben, Ursachen und Auswirkungen zu wissen. Das »Im-Griff-Haben« reduziert das menschliche Leben. Wenn uns etwas Schlimmes zustößt und wir mit unserer Erschütterung zu einem Freund gehen, dann erwarten wir von diesem nicht, dass er uns einfach mit einer Beruhigungstablette abspeist. Wir möchten vielmehr, dass er mit uns über das Erlebnis spricht, dass er wissen möchte, was genau passiert ist und welche Bedeutung dies für uns hat. Kurz: Wir wünschen uns seine Anteilnahme und sein Mitgefühl. Erst in diesem Vorgang wird sich etwas für uns verändern. Psychopharmaka dagegen lassen unseren Gefühlshaushalt verarmen.

Die biochemische Kontrolle von Gefühlen hat nichts damit zu tun, dass wir verstehen, was Menschen bewegt und was sie in ihrem komplexen Erleben ausmacht. Umso erschreckender ist die Ignoranz einer modernen Medizin, der es vor allem um Kontrolle und nicht um Menschlichkeit und Mitgefühl geht.

Die frühe Entwicklung des Mitgefühls

Empathie ist der Kern unseres Menschseins. Ich möchte nun näher darauf eingehen, was die Entwicklung dieser wichtigen Fähigkeit fördert, was sie behindert oder ganz unterdrückt.

Bereits Säuglinge erkunden mit großer Entdeckungsfreude ihre Umwelt.[36] Sie erweitern aktiv ihr Erfahrungsspektrum, indem sie sich ständig neuen Reizen zuwenden. Diese Neugier und Offenheit ist durch ihr empathisches Wahrnehmungsvermögen bedingt. In dem Prozess der Interaktion mit der Umwelt entwickelt sich das, was wir die Identität eines Menschen nennen. Erst die ständige Wechselbeziehung zwischen äußerer Stimulation und innerem Erleben lässt in dem Kind einen Sinn dafür wachsen, wer es ist und was es vermag. Diese Entwicklung kann jedoch nur gelingen, wenn es im Leben des Kindes eine Bezugsperson – in der Regel die Mutter – gibt, die es einfühlsam begleitet und in seinen Aktivitäten, seiner Lebenslust und Neugier akzeptiert und stützt. Nur so kann das Kind erfahren, dass es für einen anderen Menschen als eigenständiges Wesen zählt. Wenn sich Eltern jedoch durch die Vitalität ihres Kindes gestört oder belästigt fühlen, werden sich bald Angst und Unwohlsein in dem Kind ausbreiten.

Ein Kind braucht das Gefühl, dass es für einen anderen Menschen als eigenes Wesen Bedeutung hat. Seine Existenz hängt davon ab, wie es sich diese Bedeutung sichern kann. Eltern, die nicht auf die eigene Lebendigkeit eines Kindes eingehen, sondern ihm nur Zuwendung geben, wenn es ihren Wünschen entspricht, bringen das Kind in ein Dilemma. Es will ja so geliebt werden, wie es ist, doch seine Eltern erwarten Gegenleistungen und stellen es, auch unausgesprochen, vor die Frage: Was hast du für mich getan? So kommt es bei dem Kind zu einem verhängnisvollen Kampf um seine Identität. Es wird zunehmend seine eigenen empathischen Wahrnehmungen und Bedürfnisse ablehnen und sich an den Erwartungen der Eltern orientieren.

Das Eigene des Kindes wird in diesem Prozess abgespalten und verkümmert. Wenn die Fähigkeit zur empathischen Wahrnehmung durch Gehorsamkeitserziehung und autoritäre Gewalt unterdrückt wird, entwickeln solche Kinder eine ausgeprägte Scheu vor neuen Situationen und fremden Menschen. Sie neigen zu aggressivem Verhalten und stehen ständig unter Stress, was sich auch durch ein permanent erhöhtes Niveau des Stresshormons Cortisol im Blut nachweisen lässt.[37] Solchen Menschen ist es nicht möglich, mit anderen mitzufühlen oder deren Schmerz nachzuempfinden. Unter der rigiden Autorität ihrer Eltern haben sie sehr früh gelernt, ihren eigenen Schmerz als Schwäche einzustufen. Mehr noch: Sie können mit dieser Erfahrung nur leben, wenn sie diesen schwächenden Schmerz von sich fern halten und ihn anderen zufügen, um in diesem die eigene Schwäche zu bestrafen.

Adam, ein jugendlicher Mörder

Adam war Messdiener.[38] Eine Stunde nachdem er dem Priester die Hostien gereicht hatte, ermordete er mit einem Freund einen Mann. Sein Opfer sei ein »schwacher Mensch« gewesen, sagte der 16jährige später. Die beiden Täter hatten ihr Opfer zuerst gequält, dann töteten sie den Mann mit einer abgebrochenen Weinflasche und einer Gabel, die sie ihm ins Gehirn stießen. »Ich empfand kein Erbarmen«, sagte Adam über seine Tat, »es ging darum, ein harter Kerl zu sein.«

Adams Eltern waren Kriminelle, die andere überfielen und ausraubten. Der Vater hatte einen Nachbarn erstochen. Die Eltern seien immer betrunken gewesen, erzählte die Großmutter. Für den Jungen hätten sie nie ein Herz gehabt. Einmal habe er gegen die Wohnungstür getrommelt und geschrien: »Mama, mach bitte auf, ich weiß, dass du da bist.« Doch die Tür blieb geschlossen. Adam musste früh lernen, sich gegen seine eigenen Bedürfnisse nach Wärme und Geborgenheit zu wehren. Das tat weh, doch er hatte keine Chance, seinen Schmerz zu bewältigen. Dazu hätte er ja ein fürsorgliches und verständiges Umfeld gebraucht.

Seine einzige Möglichkeit, in dieser verzweifelten Situation weiterzuleben, war, zu sich selbst auf Distanz zu gehen. Er musste sein Bedürfnis nach Liebe zum Schweigen bringen, indem er es in sich ablehnte. So begann er zu hassen, was seine Menschlichkeit ausmachte, und er hasste fortan auch Menschen, die solche Gefühle in ihm berühren konnten. Solche Menschen musste er erniedrigen, bestrafen, töten. Auf diese Weise gab er seinen eigenen Schmerz an ein anderes Opfer weiter, um stellvertretend wieder zu erleben, was ihm selbst widerfahren war, ohne jedoch das eigene Erleben wahrnehmen zu müssen. Die destruktive Tat ist deshalb immer eine Wiederholung der eigenen Ohnmacht, die man jedoch als Stärke erlebt, weil ein anderer zum Opfer gemacht wird. Solchen Menschen ist das Mörderische in diesem Prozess in den seltensten Fällen bewusst. Sie können ihr Tun mit fadenscheinigen Argumenten vor sich selbst vertuschen.

Für die meisten von uns ist es schwer vorstellbar, dass Menschen, die eigentlich ganz normal wirken, ohne das geringste Mitgefühl und ohne Reue einen anderen quälen und sogar töten können. Wir glauben, jeder Mensch sei ansprechbar für moralische Werte, mitmenschliche Gefühle und vernünftige Argumente. In Wahrheit jedoch »funktionieren« Menschen, die durch ihre frühesten Erfahrungen zum »Unmenschen« gemacht wurden, nicht nur in psychologischer, sondern auch in physiologischer Hinsicht ganz anders. Auch wenn sie überzeugend die Maske der Menschlichkeit tragen, fehlt ihnen jedes moralische Empfinden und jedes Gefühl für andere.

Unmenschlichkeit ist das Ergebnis einer Sozialisation, in der die Gefühle und die empathischen Fähigkeiten eines Kindes verachtet und als Schwäche abgetan werden. Ein Kind, das in einer solchen traumatischen Situation aufwächst, muss sich immer mehr von seinem Eigenen distanzieren und dieses als etwas Fremdes ablehnen. Diese Entwicklung manifestiert sich auch im ständigen Wechselspiel zwischen psychischem Erleben und strukturellen organischen Prozessen. Ein Mangel an Liebe und Fürsorge führt im Organismus zu enormem Stress. Solche Erfahrungen hinterlassen »Narben« im Gehirn.[39]

Wenn eine Mutter ihren Säugling liebevoll umhegt und einfühlsam auf seine Bedürfnisse eingeht, wird im kindlichen Organismus das Hormon Sekretin ausgeschüttet.[40] Dieses Neuropeptid baut Stress und Spannungen ab, die das Kind in seiner Entwicklung ja immer wieder erlebt. Auf diese Weise wird auch die positive Bindung zwischen Mutter und Kind gestärkt. Eine solche Bindung, in der die Bedürfnisse des Kindes und nicht die der Eltern im Vordergrund stehen, fördert die Entwicklung empathischer Vorgänge. Diese werden zur Basis des kindlichen Selbst. Das Kind kann sein eigenes Erleben als Teil seiner Identität integrieren und muss es nicht als ungeliebt abspalten.

Etwas ganz anderes geschieht, wenn Eltern nicht adäquat auf die kindlichen Bedürfnisse eingehen.[41] Die empathischen Fähigkeiten werden unterdrückt und können sich nicht entwickeln. Das Kind gerät in einen Zustand von Hilflosigkeit, Wut und ständiger Anspannung. Dieser extreme Stress kann nicht bewältigt werden. Um psychisch zu überleben, muss dieses Kind seine Gefühle aus seinem Erleben verbannen und abspalten. Das gilt vor allem für das Erleben von Schmerz und Verzweiflung. Für solche Kinder sind Schmerz und Leid so groß und überwältigend, dass sie nur durch ein völliges Ausschalten und Abspalten dieser Gefühle überleben können.

Im menschlichen Organismus sind es sogenannte Endorphine, die das Empfinden von Schmerz und Unglück dämpfen. Diese körpereigenen Morphine, umgangssprachlich auch »Wohlfühlhormone« genannt, werden unter anderem dann ausgeschüttet, wenn wir Zärtlichkeit und Liebe erfahren. Bei Kindern, die zurückgewiesen und missachtet werden, kommt dieser natürliche »Schutzschild« gegen zu großen Schmerz also erst gar nicht in Gang. Deshalb erleben solche Kinder Leid als so überwältigend, dass sie es nur durch Abspalten und Verwerfen ihrer Gefühle ertragen können.

Solche Menschen sind ihr Leben lang auf der Flucht vor allem, was diesen Schmerz wieder zum Leben erwecken könnte. Aus diesem Grund sind sie auch nicht in der Lage, ihn bei anderen Menschen empathisch wahrzunehmen und mitzufühlen. Im Gegenteil: Was bei einem »normalen« mitfühlenden Menschen Verständnis, Anteilnahme und Zuneigung auslöst, weckt in ihnen die Mordlust. Sie müssen töten, was in ihnen menschliche Gefühle auslöst. Vor dieser Tatsache dürfen wir nicht die Augen verschließen, wenn wir es ernst meinen mit unserem Bemühen um Frieden. Es ist unser Umgang mit dem Schmerz, der darüber entscheidet, ob die menschliche Entwicklung eine destruktive oder eine friedliche Richtung nimmt.

Menschen, die das Mörderische in sich tragen

Unsere Gesellschaft blendet die alltägliche Realität des Leidens meistens aus. Schmerz, ob physisch oder psychisch, wird, wie bereits ausgeführt, in einer auf Leistung, Größe und Kraft fixierten Welt als unliebsame Schwäche betrachtet. Politische Diskussionen über die Kürzung von Lohnfortzahlungen im Krankheitsfall sind hier ein aktuelles Indiz. Krankheit passt nicht in das gesellschaftlich bevorzugte Leistungsmodell, sie wird als Schwäche abgetan und kann deshalb bestraft werden. Die Verachtung des Schmerzes als Schwäche ist ein Problem, von dem wir alle – mal mehr, mal weniger – betroffen sind. Ich erinnere mich an eine Patientin, die es sich kaum verzeihen konnte, einmal darunter gelitten zu haben, dass ihre Mutter sie sadistisch behandelte. Sie schämte sich für ihr Leid und fürchtete, ich würde sie dafür ablehnen. Wenn Eltern schmerzhafte Gefühle ihres Kindes als unberechtigt oder unwahr abtun, bleibt dem Kind nichts anderes übrig, als sich von seinen Gefühlen zu distanzieren. Es muss sich in seinen Schmerzen als Schwächling sehen und fühlen und sich dafür schämen.

Wie aber können Menschen so sehr von ihrem Eigenen entfremdet werden, dass sie andere töten? Ich möchte dies am Beispiel eines Gewaltverbrechers erklären.[42] Broadmoor ist ein psychiatrisches Gefängnis in England, in dem vor allem psychotische Mörder einsitzen. Ich hatte vor einigen Jahren Gelegenheit, einige von ihnen zu interviewen. In besonderer Erinnerung blieb mir folgender Fall: Der Mann hatte mehrere Menschen getötet, weil er, wie er sagte, »ihr Leben brauchte«, um sich für einen Moment selbst lebendig zu fühlen. Ohne mit der Wimper zu zucken erzählte er mir, dass seine Mutter ihn als Dreijährigen mit kochend heißem Wasser übergossen hatte. Er empfand nichts bei dieser Erinnerung. Seinen Schmerz hatte er weggesteckt und eingemauert, um mit einer derart tödlichen Mutter leben zu können. Doch er spürte ständig das Bedürfnis, anderen Schmerzen zuzufügen. Auf diesem Wege konnte er den Schmerz, der ihm selbst abhanden gekommen war, wieder finden und den anderen dafür bestrafen, dass er ihn erlitten hatte. Er bestrafte sein Opfer quasi stellvertretend für sich selbst und den eigenen Schmerz, den er einmal empfunden hatte und nicht fühlen durfte.

Das ist es, was alle destruktiven Menschen, vom Rechtsradikalen bis zum Sektenfanatiker, vom Welteroberer bis zum skrupellosen Globalisierungsmanager zu ihrem menschenverachtenden Tun antreibt: Es ist ihr Bestreben, des eigenen abgespaltenen Schmerzes habhaft zu werden und andere dafür zu bestrafen, dass man einmal selbst so schwach war und gelitten hat. Solche Menschen zerstören, um zu leben, um die Leere zu füllen, die in ihrem Inneren entstand, als man ihnen ihr Eigenes nahm. Manche töten tatsächlich, um die Leere zu füllen. Andere tun es indirekt, indem sie der Größe verfallen und Menschen durch Erniedrigung in ihrem Sein zerstören.

Klaus Barbie[43] war ein besonders grausamer Scherge des Naziregimes. Als Gestapochef in Lyon brachte er französische Widerstandskämpfer mit eigenen Händen um. Auch Jean Moulin, ein berühmter Résistance-Anführer und Kämpfer gegen die Nazis, starb unter seinen Folterungen. Als Barbie, der sich nach dem Krieg nach Südamerika abgesetzt hatte, von einem Journalisten zu dieser Tat befragt wurde, sagte er: »Als ich Jean Moulin vernahm, hatte ich das Gefühl, dass er ich selber war.«

Was dieser Schlächter seinem Opfer antat, tat er in gewisser Weise sich selbst an. Er gab den Hass auf sich selbst weiter, indem er andere tötete. In der Person Jean Moulin hatte er jenen Teil seines eigenen Selbst gespürt, das einmal Liebe benötigte, das jedoch dazu gebracht wurde, sich für dieses Bedürfnis schwach und mangelhaft zu fühlen. Für solche Menschen ist Leben gleichbedeutend mit Krieg und Gewalt.

Zerstörung als Lebenselixier – der Fall eines Nazi-Offiziers

Wilhelm Kütemeyer[44] gehörte zu den wenigen deutschen Psychiatern, die den Nazis die Stirn geboten haben. Nach dem Krieg suchte ihn ein ehemaliger NS-Offizier auf, in dessen Fantasie sich immer wieder eine Szene abspielte, die er selbst erlebt hatte. Der Mann war als Offizier auf einem mit Soldaten und Zivilisten überladenen Schiff gewesen, das auf der Ostsee von einem U-Boot torpediert wurde. Es brach Panik aus. Angeblich um die Disziplin aufrecht zu erhalten, hatte der Patient auf verzweifelte und außer sich geratene Mütter mit Kindern geschossen. Diese Bilder von Frauen, die ihre Säuglinge im Arm hielten und ihn voller Erstaunen und etwas wehmütig anschauten, ließen ihn nicht mehr los. Er warf sich vor, dass er damals nichts empfunden hatte außer einer gespannten Erwartung auf diesen »merkwürdigen« Ausdruck im Gesicht der Mütter, als er sie niederschoss.

Diese Unempfindlichkeit kannte der Mann auch schon aus seiner Kindheit. Als Sechsjähriger hatte er neben seinem Freund gestanden, als dieser an Diphtherie starb. Auch da hatte er nichts gefühlt außer Neugier. Es war, so berichtet Kütemeyer, als wollte er nur seinen Wissensdurst befriedigen. Auch als der Vater starb, empfand der Mann keine innere Teilnahme. Kütemeyer fragte den Patienten, wie er sich denn unter Artilleriefeuer gefühlt habe, und dieser antwortete: Gut, sehr gut. Er habe sich nie so wohl gefühlt wie in solchen Situationen. Da sei er richtig in seinem Element gewesen, vor allem, wenn er handeln konnte, also nicht zu Unbeweglichkeit und Untätigkeit verdammt war. Gleichzeitig, so sagte dieser Mann, fühle er sich einem anderen Menschen nie näher, als wenn dieser tot sei.

Zwei Dinge fallen hier auf: Tod und Zerstörung sind das »Lebenselixier« dieses Mannes. Überdies muss er immer aktiv und in Bewegung sein. Beides gibt dem Leben solcher Menschen Bedeutung und Festigkeit. Sein brutaler Mord an Müttern mit ihren Säuglingen zeigt, wie sehr er das Leben hasst. Sein Argument, dies nur zur Aufrechterhaltung der Disziplin getan zu haben, wo Disziplin sowieso sinnlos geworden war, ist nur eine Verschleierung, die zeigt, wie wichtig es ihm ist, das Image eines korrekten, der Disziplin ergebenen Menschen aufrecht zu erhalten. Mit wahren Gefühlen hat das nichts zu tun.

Solche Menschen bringt nichts mehr aus der Fassung, als unbeweglich und untätig zu sein. Sie müssen immer alles im Griff haben und immer agieren können. Das Schlimmste, was ihnen passieren kann, ist Hilflosigkeit. Andeutungsweise kennen wir dieses Problem ja aus unserem Alltag: Jede Minute muss mit Aktivitäten gefüllt sein. Wer untätig ist, wird als Langweiler gebrandmarkt. Hilflosigkeit ist verpönt. Auf jede Frage muss es eine Antwort, für jedes Problem eine Lösung geben. Beziehungen geraten häufig dann in eine Krise, wenn einer der Partner nicht mehr richtig »funktioniert«.

Eine meiner Patientinnen, eine erfolgreiche und ehrgeizige Frau, konnte es nicht ertragen, wenn ihr Freund Anzeichen von Hilflosigkeit zeigte. Sie lehnte ihn dann völlig ab. Sie musste sich von ihm distanzieren und sich anderen Männern zuwenden. Ihr Freund war ein anerkannter Wissenschaftler, auch er war erfolgreich und produktiv. Doch da er sich hin und wieder hilflos gab, wurde er für meine Patientin zur Belastung. Es stellte sich schließlich heraus, dass sie den Zustand der Hilflosigkeit mit der Vorstellung verband, in einen Abgrund zu stürzen und rettungslos verloren zu sein. Ihre Mutter hatte eine Depression bekommen, als sie fünf Jahre alt war. Die Patientin hatte sich völlig hilflos und ohne Halt gefühlt. Schon damals fing sie an, Situationen, in denen sie etwas nicht im Griff hatte, als unerträglich zu empfinden. Sie weckten in ihr das Gefühl, ausweglos in einem Abgrund gefangen zu sein.

So rettungslos verloren kann sich ein Kind nur fühlen, wenn seine Eltern nicht in der Lage sind, ihm in seiner Hilflosigkeit und seinem Schmerz Halt zu geben, indem sie es einfühlsam begleiten. Unter solchen Voraussetzungen kommt eine Entwicklung in Gang, in der Hilflosigkeit zu einer Todesbedrohung wird. Für das Kind geht es in dieser Situation um Leben oder Tod; es muss versuchen, dem Sterben zu entkommen. Aus der Säuglingsforschung wissen wir, dass ein Kind, das ohne Liebe und Zuwendung ist, sterben kann.[45]

Die französische Kindertherapeutin Françoise Dolto spricht in diesem Zusammenhang von der »Entdeckung des Todes«.[46] Sie bezieht sich dabei auf die absolute Hilflosigkeit, die ein Säugling durchmacht, wenn seine Erwartungen und Reaktionen unbeachtet bleiben. Ein Kind verliert seinen Lebensmut und verfällt in Apathie, wenn Eltern nicht adäquat auf seine Bedürfnisse eingehen, wenn sie seine Gefühlswelt übergehen und es kein Echo bei den Bezugspersonen erfährt. Ohne Zärtlichkeit siechen Kinder auch körperlich dahin, sie hören auf, sich weiterzuentwickeln, selbst wenn ihre Bedürfnisse nach Nahrung, Schlaf und Sauberkeit gestillt werden und sie organisch gesund sind. Im Extremfall führt dieser seelische Mangel zum Tod[47], wie die amerikanische Kinderärztin Margaret Ribble schon 1943 bei ihren Beobachtungen von Waisenkindern feststellte.

Schmerz ist ein fundamentaler Teil unserer Entwicklung

Solange der Mensch im Mutterbauch heranreift, wird er mehr oder weniger automatisch mit allem versorgt, was er braucht. Die Gesundheit der Mutter vorausgesetzt, gewährleistet die Einheit mit deren Organismus, dass der Fötus keinen Mangel erleidet. Der werdende Mensch ist auf diese Weise auch in physiologischer Hinsicht an eine Interaktion und Wechselseitigkeit gewöhnt, in die er eingebunden ist und in der seine Bedürfnisse wie selbstverständlich befriedigt werden. Mit der Geburt ändert sich diese Situation des Kindes radikal. Mit etwas Einfühlungsvermögen können wir uns vorstellen, wie schmerzhaft und bedrohlich diese plötzliche Trennung für den Säugling sein kann.

In dieser Situation braucht der Säugling Eltern, die ihn emotional und physisch halten und ihn einfühlsam auf seinem Weg in die Autonomie begleiten. Aus dem Mutterbauch an einen lebendigen Fluss des Miteinanders gewöhnt, ist der Säugling nicht nur auf Ernährung angewiesen, sondern auch auf emotionale Zuwendung und zwischenmenschliche Stimulation. Wenn einem Kind dieses Entgegenkommen der Eltern versagt bleibt, erlebt es einen unerträglichen inneren Schmerz, der dem Sterben nahe kommt. Es kann seelisch nur weiterleben, wenn es diesen Schmerz aus seinem Bewusstsein verbannt. Hier beginnt die Abspaltung von Gefühlen, die um Schmerz und Terror kreisen.

Wenn ein Mensch Hilflosigkeit nicht ertragen kann

und immer alles im Griff haben muss, ist dies meistens als eine Reaktion auf ein solches Erleben des Sterbens zurückzuführen. Problematisch ist: In unserer Kultur wird dieses Alles-unter-Kontrolle-Haben als etwas Positives und Starkes interpretiert, was Menschen dazu qualifiziert, Führungsaufgaben zu übernehmen. So sind wir immer versucht, uns gerade diese beschädigten Menschen als bestimmende Autorität und Leitfigur auszusuchen, da wir glauben, dass diese auf politischer Ebene am besten geeignet sind, uns vor Gefahren zu schützen. In Wahrheit jedoch bringen sie uns erst wirklich in Gefahr. Solche Machtmenschen, die immer alles unter Kontrolle haben und allem und jedem ihren Stempel aufdrücken müssen, können das Lebendige nicht einfach so belassen, wie es ist. Sie müssen es beherrschen, besitzen, häufig niedermachen oder sogar töten, um ihr Gefühl innerer Leere zu füllen, das daraus erwachsen ist, dass sie als Kinder keine wahre Liebe erfahren haben.

Er müsse morden, weil er ein Leben benötige, sagte ein psychotischer Mörder in dem bereits erwähnten englischen Gefängnis Broadmoor.[48] Alle Menschen, die von dieser Leere betroffen sind, müssen sich anderer bemächtigen, um sich selbst ein Gefühl der Lebendigkeit zu verschaffen. Auch viele Politiker, Wirtschaftsmagnaten und Banker brauchen diesen Kick, der darin besteht, Willkür auszuüben, mit anderen zu spielen und sie herabzuwürdigen. Solche Menschen sind auf Zerstörung aus, weil sie ihre eigene innere Leere füllen müssen. Sie ziehen ihre eigene Vitalität aus der Zerstörung anderer.

Henning Mankell[49], ein außergewöhnlicher schwedischer Kriminalschriftsteller, beschreibt in seinem Buch »Vor dem Frost« die Gedanken eines solchen machtbesessenen Charakters: »Zu töten, um zu leben, war ein wichtiger Teil des Wegs hin zu einem Zustand, in dem die Leere im Innern des Menschen verschwunden war.«

In der Literatur begegnen wir immer wieder einer Wahrheit, die wir in der Realität nicht erkennen. In »Alle Reichtümer der Welt«[50] lässt der amerikanische Dramatiker und Nobelpreisträger Eugene O'Neill seinen Protagonisten Simon, einen mächtigen Fabrikbesitzer, erklären: »Nichts darf mich auf dem Weg zu meinem Ziel aufhalten, ... die Firma autark zu machen. Sie muss die umfassende Sicherheit totaler Autarkie erreichen – die Macht, die als einzige einem das Recht gibt, kein Sklave zu sein.« Für solche Menschen geht es immer um alles oder nichts. Macht bedeutet Leben, Nichtstun den Tod. In seinem Drama beschreibt O'Neill, wie sich aus der verzweifelten Hilflosigkeit eines Kindes ein Streben nach Macht entwickelt. Macht wird zum Motor des Lebens, wenn Kinder keine Liebe erfahren und ihre Lebendigkeit keinen Widerhall bei den Eltern findet. Aus diesem Mangel erwächst eine Notwendigkeit zur Größe, deren verhängnisvoller Bestandteil immer Zerstörung und Gewalt sind.

Der Drang nach Größe, die uns ja gerne als verdientes Resultat besonderer Fähigkeiten und Zeichen des Fortschritts verkauft wird, ist also Ausdruck eines Mangels. Es ist das Fehlen eines eigenen Inneren, die Entfremdung von sich selbst, die Menschen zum Streben nach Größe und Überlegenheit antreibt. In ihrer Kindheit ist ihnen verlorengegangen, was sie hätten sein können. Deshalb müssen sie sich anderer bemächtigen. Paradoxerweise ist es dieser Mechanismus, der uns veranlasst, gerade solche hohlen Menschen als Führungspersonen in Politik, Wirtschaft und Wissenschaft zu küren.

Die politische Gefahr, die von diesen Menschen ausgeht, ist enorm. Um dies zu verdeutlichen, möchte ich nochmals auf entwicklungspsychologische Zusammenhänge eingehen. Wenn ein Kind dem Terror der Missachtung und des Nicht-verstanden-Seins ausgesetzt ist, muss es alles tun, um seelisch zu überleben. Hier beginnt, was Sándor Ferenczi[51] schon 1932 als das Umkippen von Angst und Schrecken in Geborgenheit beschrieb. Dieser Vorgang ist in einem gesellschaftlichen Umfeld verankert, das es Eltern erlaubt, die Abhängigkeit eines Kindes zur Steigerung des eigenen Selbstwertgefühls zu missbrauchen. Um in dieser verzweifelten Situation die Verbindung mit den Erwachsenen, die es versorgen, aufrecht zu erhalten, wird ein Kind seine eigenen Gefühle und Wahrnehmungen verwerfen, indem es sich den Erwartungen der Erwachsenen ganz und gar unterwirft. Ferenczi beschrieb diesen Prozess wie folgt: »Kinder fühlen sich körperlich und moralisch völlig hilflos, ihre Persönlichkeit ist zu wenig konsolidiert, um sich auch nur in Gedanken auflehnen zu können; die überwältigende Kraft und Autorität der Erwachsenen macht sie stumm, ja beraubt sie sogar oft ihrer Sinne. Wenn die Angst einen Höhepunkt erreicht, zwingt sie das Kind automatisch, sich dem Willen des Aggressors unterzuordnen, jeden seiner Wünsche zu erraten und zu befolgen, sich selbst ganz zu vergessen, sich mit dem Aggressor voll und ganz zu identifizieren.«

Für den Säugling, beziehungsweise das Kleinkind, ist eine Fokussierung durch Mutter und Vater eine Lebensnotwendigkeit. Seine Lebendigkeit hängt davon ab, dass es einen Zufluss von Stimulation durch die Eltern auf sich bewegen kann. In diesem Prozess wird seine Bindung an die Eltern geprägt. Deren Verhalten, Gefühle und Reaktionen werden zum Mittelpunkt seines sich entwickelnden Seins. Wenn Eltern jedoch – wie es in unserer Kultur so oft der Fall ist – ihre Kinder brauchen, um ihren eigenen Selbstwert zu erhöhen, wird diese Prägung kompliziert. Sie geschieht dann auf zwei Ebenen: zum einen entwickelt das Kind eine Wahrnehmung der Eltern, die deren realem Verhalten, das unterdrückend und strafend ist, entspricht. Zum anderen wird es auf eine idealisierte Sicht der Eltern geprägt, die dem entspricht, wie diese gesehen werden möchten. Das Kind muss hier seine Wahrnehmung der Eltern auf das Bild, das diese von sich selbst haben, beschränken. Diese Prägung auf das Selbstbild der Eltern kommt zustande, weil Kinder ihre Eltern zu fürchten lernen, weil sie in ihrem Sein nicht akzeptiert werden und die Zuwendung der Eltern nur erfahren, wenn sie sich deren Bedürfnissen anpassen. Da das Kind die Idealisierung der Eltern und die Wahrnehmung deren tatsächlichen Verhaltens nicht beide in sein Bewusstsein integrieren kann, kommt es in der kindlichen Psyche zu einer Spaltung, bei der die Realität aus dem Bewusstsein verschwindet.

Wie bereits beschrieben, ist die Idealisierung abhängig vom Ausmaß des Terrors, der zur Identifikation mit Mutter und Vater führte. Unmittelbar nach dem Zweiten Weltkrieg führte ein Forschungsteam eine Studie über die Einstellung der Deutschen zur Autorität des Vaters durch. Ich möchte hier die Aussage eines der Teilnehmer zitieren: »Als wir klein waren, hatten wir außerordentlichen Respekt vor unserem Vater. Einmal befahl er mir, von einem Holzhaufen zu springen. Ich tat es, verstauchte mir aber den Fuß. Als mein Vater mich erreichte, gab er mir eine Ohrfeige. Er war sehr streng. Er liebte uns, aber er konnte es nie zeigen. Es war seine männliche Bescheidenheit.«[52] Hier wurde ein Vater als liebend idealisiert, obwohl dies der tatsächlichen Situation nicht entsprach.

Diese Entwicklung bedeutet, dass die Identifikation mit den Eltern auf zwei Ebenen stattfindet: Zum einen wird deren Posieren zur einzigen Wirklichkeit. Auf einer zweiten, nicht bewussten Ebene besteht jedoch die Wahrnehmung der tatsächlichen Wahrheit fort. Sie wird zu einem beständigen Kern einer unformulierbaren Angst, gegen die sich das Kind und später der Erwachsene schützen müssen, indem sie auf der Pose als rettender Wirklichkeit beharren. In diesem Vorgang liegt die Bedrohung für jede demokratische Gesellschaft: Wenn Menschen auf eine falsche Wirklichkeit geprägt sind, die der Pose gewidmet ist, dann werden sie sich von Politikern anführen lassen, die am überzeugendsten die Pose der Kraft, der Entschiedenheit und der Selbstsicherheit zu verkörpern wissen. Ihre im Hintergrund lauernde Angst vor der Wahrheit entfacht bei solchen Menschen nicht nur die Wut auf diejenigen, die der Wahrheit Ausdruck verleihen. Die Angst nötigt sie auch, Erlösung durch jene zu erwarten, die sie durch ihr Posieren von der Angst befreien. Hier wiederholen Erwachsene ein altes Muster: Indem man sich einer posierenden Autorität unterwirft, wird man von Angst und Verantwortung erlöst.

So werden Wahlen entschieden: nicht durch Tatsachen und logische Argumente, sondern durch erfolgreiches Posieren, das die wahren Motivationen der Akteure verschleiert. Erst kürzlich wurde eine Studie über das politische Wahlverhalten veröffentlicht[53], die meine klinischen Beobachtungen über das Posieren bestätigt: Wenn der Gesichtsausdruck, also die Pose, eines Kandidaten Kompetenz signalisiert, spielen rationale Überlegungen bei der Wahl eine untergeordnete Rolle. Was solchen Führern zusätzliche Stärke verleiht, ist ihre Fähigkeit, visuelle Ziele für die zwar wirksamen, aber verhüllten Ängste zu schaffen, die man sich nicht eingestehen kann. Sie geben den vagen Ängsten und Befürchtungen durch Feindbilder Ausdruck und Form. Aus diesem Grund können Führer mit den dunkelsten Fantasien so mächtig werden.

Mark Danner[54], Professor für Journalistik an der Universität von Kalifornien, schrieb über George W. Bushs Rede drei Tage vor dessen Wiederwahl: »... Fakten spielen keine Rolle, ... denn der Präsident offerierte an ihrer Stelle eine Sicht der Welt, die so perfekt, in sich stimmig, völlig umfassend und dadurch so abgesichert war, dass sie für reale Fakten undurchdringlich war. Die Tausende, die ihm im Stadion von Orlando zujubelten, waren vor eine eindeutige Wahl gestellt: Entweder sie werfen die Tatsachen über den Haufen, oder sie müssen eine klare angenehme Weltsicht aufgeben, welche diesen Tatsachen widerspricht. Sie entschieden sich dafür, die Fakten zu ignorieren.« Das ist ein Beispiel, wie Menschen dem Posieren und nicht der Wirklichkeit Gehör schenken.

Zu Anfang dieses Buches habe ich bereits darauf hingewiesen, dass Kriege nur möglich sind durch ein Zusammenspiel von Menschen, die auf Größe, Macht und »männliche« Stärke fixiert sind. Wie ich aufgezeigt habe, hat diese Fixierung ihren Ursprung in einer Verleugnung des Schmerzes, die diese Menschen in frühester Kindheit durch die Entfremdung von ihrem eigenen Selbst erfahren haben. Ich möchte nun darauf eingehen, wie es kommt, dass sogar Menschen, die Herrschaft eigentlich ablehnen und dagegen aufbegehren, dennoch – ohne es zu merken – von ihrer Fixierung auf Autorität geprägt sind und sich nicht davon lösen können. Schauen wir uns die Vertreter der sogenannten 68er Bewegung an. Einst zogen sie radikal gegen Herrschaftsstrukturen und für Erneuerung zu Felde. Heute haben sich viele von ihnen selbst zu Machtmenschen gewandelt, die das Prinzip Größe – wenn auch in etwas verändertem Gewand – leben und weitergeben.

Im Sommer 2005 berichtete »Der Spiegel«[55] über eine neue fremdenfeindliche Jugendkultur in Deutschland. Das Nachrichtenmagazin zeigte sich überrascht, dass es sich bei den jungen Rechten um Kinder von Vätern und Müttern mit 68er Sozialisation handelte. Die Jugendlichen hatten eine linksliberale Erziehung genossen, und nun verabschiedeten sie sich von ihren Eltern mit dem Hitlergruß.

Eine antiautoritäre politische Gesinnung reicht eben nicht aus, um wirklich frei von unserer Prägung auf Autorität zu werden. Eine solche Freiheit setzt voraus, dass man sich seinen eigenen schmerzhaften Kindheitserfahrungen und der daraus resultierenden Identifikation mit dem Unterdrücker stellt. Den meisten Vertretern der 68er Bewegung war es letztlich um einen Machtkampf mit den Eltern und nicht um das Erringen einer eigenen, authentischen Existenz gegangen. Auf diese Weise blieben sie ihren Eltern und deren hierarchischem Lebensmodell verbunden. Ohne es zu merken, haben sie dieses auch an ihre Kinder weitergegeben. Diese Eltern enthielten ihren Kindern einen zuverlässigen Rahmen vor, weil ein solcher ihrem antiautoritären Selbstbild widersprach. Die Kinder rächen sich, indem sie provozieren und auf eine autoritäre Gesinnung bestehen.

Wahre Stärke braucht keine Macht

Wir alle halten uns für aufrechte und vorurteilsfreie Zeitgenossen, die jedem Menschen die gleiche Würde und den gleichen Wert zusprechen. Doch seien wir ehrlich: Zollen wir nicht insgeheim jenen mehr Respekt, die uns mit den Insignien von Macht, Geld und Wissen entgegentreten? Sind wir nicht stolz darauf, wenn sie uns beachten und anerkennen?

Es ist ungeheuer schwer, mit seiner Vergangenheit zu brechen und diese Prägungen hinter sich zu lassen. Viele rebellieren in jungen Jahren und realisieren nicht, dass sie sich irgendwann genauso entwickeln wie ihre Eltern. Ich selbst habe mich als junger Mensch in vielerlei Weise gegen Autoritäten aufgelehnt. Ich verachtete

Menschen, die sich anmaßten, über andere zu bestimmen. Ich ging auf Demonstrationen, verteilte Flugblätter, trat linken Vereinigungen bei. Trotzdem wurde mir eines Tages bewusst, dass ich insgeheim ausgerechnet von denjenigen, die ich kritisierte, für meine Gedanken und Analysen anerkannt und akzeptiert werden wollte. Absurderweise suchte ich die Zustimmung meiner Feinde. Gleichzeitig merkte ich, wie ambivalent meine Haltung zu Gleichgesinnten war. Natürlich, wir machten gemeinsame Sache. Aber irgendwie traute ich ihnen nicht. Ich spürte, auch zwischen uns war ein Machtkampf im Gange. Diejenigen, die in mir eine Leitfigur sehen wollten, lehnte ich ab. Ich wollte ja selbst nichts mit Macht und Machthaberei zu tun haben. Dabei konnte ich mich aber auch nicht als jemanden akzeptieren, der anderen etwas zu geben hat. Denn das hätte ja auch geheißen, mir eine eigene Kraft zuzugestehen, die mich Autoritäten ebenbürtig machte.

Etwas Derartiges geht vor sich, wenn jugendliche Rebellen ihre Ideale verraten und immer mehr mitmachen im »erwachsenen« Gerangel um Macht und Besitz. Macht ist deshalb so verführerisch, weil sie zunächst als eine Kraft empfunden wird, die ein trügerisches Gefühl von Sicherheit vermittelt. Tatsächlich geht es jedoch um ein Überlegenheitsgefühl, das auf der Unterdrückung anderer basiert. Mit wahrer innerer Kraft hat dieses Machthaben nichts zu tun. Wahre Kraft entsteht durch das Erleben von Leid und Schmerz. Nur durch Leid und Schmerz lässt sich erfahren, dass Sicherheit ein Zustand in uns selbst ist, eine innere Kohärenz, die auch dann bestehen bleibt, wenn wir schwach und hilflos sind.

Dieses Gefühl, das auf einem Sich-selbst-Sein beruht, kann ein Mensch nur entwickeln, wenn er als Kind liebevoll in seinem Schmerzerleben begleitet wurde. Nur durch eine solche einfühlsame und teilnehmende Begleitung ist es dem Kind möglich, seinen Schmerz zu erleben und die Erfahrung zu machen, dass dieser nicht tötet. Erst aus diesem Erleben erwächst ein Gefühl der Stärke, das von Dauer ist und sich nicht immer wieder im Wettstreit mit anderen beweisen muss. Eine solche innere Kraft ist wiederum Grundlage für unsere Fähigkeit, am Mitgefühl für andere festzuhalten. Gleichzeitig verstärkt unsere Fähigkeit zum Mitgefühl auch unsere innere Kraft. Wir erfahren auf diese Weise, dass wir anderen etwas geben können und dass auch Altruismus eine Quelle der Kraft ist.

Die Scheinwelt der Herrschenden

Die Realität des Lebens besteht aus Freude *und* Schmerz, Gelingen *und* Versagen, Befriedigung *und* Entsagung. Menschen, die sich männlichen Größenvorstellungen verschrieben haben, nehmen für sich nur die Sonnenseiten in Anspruch. Mit den Schattenseiten, zu denen auch Leid und Schmerz gehören, können sie sich nicht konfrontieren, da diese ihr Selbst bedrohen. Macht gibt ihnen die Möglichkeit, ihre eigene Vorstellung von Realität durchzusetzen. Ein Berater von George W. Bush drückte es in einem Interview so aus: »Wir sind eine Weltmacht, und wenn wir agieren, schaffen wir unsere eigene Wirklichkeit ... Wir sind die Darsteller der Geschichte ... und alle anderen können nur daraus lernen, was wir tun.« [56] Macht kreiert hier ihre eigene »Wahrheit«, und indem unsere Aufmerksamkeit auf Glanz und Größe der Fassade gelenkt wird, glauben wir dieser falschen Wahrheit schließlich mehr als der Wirklichkeit.

Der ehemalige Chef des Volkswagenkonzerns Daniel Goeudevert[57] kündigte 1996 seinen Job, weil er nicht mehr mitmachen wollte in dieser Scheinwelt. »Der Mächtige«, schrieb er, »weiß oft genug nichts von der schweren Goldkrone, die er trägt, und die Beziehungen zu seinen Lakaien scheinen ungetrübt – solange er auf dem Thron sitzt ... Im Glauben, dass alles mit seiner eigenen Person zu tun habe, entfernt er sich weiter und weiter von der Realität des menschlichen Lebens.«

Tragisch ist, dass diese künstlich geschaffene Scheinwelt, die ja vor allem die Welt der Politik und der Ökonomie ist, unser aller Leben prägt. Persönliche Beziehungen werden wie ein Geschäft gehandhabt. Wir vermarkten uns, indem wir unsere Glanzseiten hervorheben. Auch wir lenken den Blick auf die Fassade, geben uns charmant, weltmännisch, aktiv. Wir umwerben den andern, indem wir ihn mit Schmeicheleien dazu bringen, sich wichtig zu fühlen. Dabei verstehen wir es, das Ganze mit der Geste großer Gefühle und großer Aufrichtigkeit vorzutragen. Nur wenige bemerken, was sie bei dieser Selbst-Vermarktung verlieren, nämlich ihre wirkliche Identität.

Daniel Goeudevert beschrieb diesen Vorgang als eine Auflösung des eigenen Ichs, weil der Mensch durch diese Fixierung auf ein Rollenspiel fremdbestimmt wird und keinen Bezug mehr zu seinen wahren Gefühlen hat. Das hat destruktive Konsequenzen für uns alle. Menschen, die in dieser Weise auf ein Posieren festgelegt sind, kennen nur ein Ziel: Sie wollen immer mehr Macht und Größe. Das globale Expansionsstreben, das heute Wirtschaft und Politik bestimmt, ist Ausdruck dieses zerstörerischen und erbarmungslosen Drangs, sich über alle zu stellen und sich alles einzuverleiben. Hitler offenbarte diesen Wahnsinn[58], als er herausschrie, er müsse ganz schnell an die Macht kommen, um schnell einen Eroberungskrieg führen zu können.

Wahres und »falsches« Selbst

In seinem Buch »Im Keller«[59] beschrieb Jan Philipp Reemtsma den Schrecken, den er 1996 während seiner Gefangenschaft in der Hand von Entführern erlebte. In seiner Hilflosigkeit, seiner Erniedrigung und seinem Leid kam er zu der Überzeugung, es könne den inneren Kern des Menschen nicht geben, da völlige Ohnmacht jeden dazu bringe, sich in nichts aufzulösen. Reemtsma drückte hier einen fundamentalen Irrtum aus: Nicht jeder verliert sich, wenn er in eine Situation gerät, die ihm die Verfügungsgewalt über sein Leben nimmt. Nur Menschen, deren Identität auf abstrakten Größenvorstellungen und dem Aufrechterhalten einer heldenhaften Pose der Unverletzlichkeit beruht, erleben unter solchen extremen Bedingungen ein Gefühl der Selbstauflösung. Sie sind gefangen in einem männlichen Wahn, der Mitgefühl, Leid und Schmerz zu Schwächen erklärt. In einer ausweglosen Situation bricht ihre Pose der Stärke zusammen, und es bleibt ihnen nichts, an was sie sich halten können.

Reemtsma beschreibt von sich in der dritten Person, wie es ihm in dieser Situation erging: »Einmal hatte er die Phantasie, der Entführer solle ihn trösten, ihn berühren, die Hand auf seine Schultern legen.« Das einzige, was ihm blieb, war die Idealisierung seiner Peiniger und die Hoffnung, ausgerechnet durch sie Erlösung zu finden. Marcel Proust fragte: »Wie haben wir den Mut, in einer Welt zu leben, in der die Liebe durch eine Lüge provoziert wird, die aus dem Bedürfnis besteht, unsere Leiden von denen mildern zu lassen, die uns zum Leiden brachten?« Ein weiteres Zitat, das ich in diesem Zusammenhang erwähnen möchte, stammt von dem nigerianischen Schriftsteller und Literaturnobelpreisträger Wole Soyinka[60], der selbst zur Zeit der Diktatur Gowans in einem Konzentrationslager war: »Der Gefangene sagt plötzlich zu sich selbst: diese Kreatur … kann mich nicht retten. Deshalb kann sie mich auch nicht (seelisch) zerstören.«

Menschen, deren Ich darin begründet ist, dass sie in ihrer Kindheit sie selbst sein durften und mit Leid und Schmerz zu leben gelernt haben, behalten auch in Ohnmachtssituationen ihre Würde. Dagegen werden Menschen, die auf eine Pose festgelegt sind, durch Hilflosigkeit und Erniedrigung in ihren Grundfesten erschüttert. Ich schließe mich hier dem Dalai Lama[61] an, wenn er sagt, das Selbst, wie wir es heute kulturell verstehen, sei ein künstliches Selbst, weil es auf der Wirkung nach außen beruht. Wir müssen uns von diesen abstrakten Idealen des männlichen Heldenmythos trennen, um zu einem Zustand der »Selbstlosigkeit« zu gelangen. Selbstlos sein meint hier, ein falsches Selbst aufzugeben, das auf Macht und Erfolg, auf körperlicher Schönheit, Konkurrenz und intellektueller Brillanz beruht. Nicht Größenwahn, sondern Mitgefühl als die Fähigkeit, den Schmerz anderer zu teilen und sich der Liebe zu öffnen, gibt dem Leben Sinn.

Das Bestreben, »richtig« zu sein

Was bedeutet es für das alltägliche Leben eines Menschen, wenn sich sein Selbst über Erfolg, Größe und Überlegenheit definiert? Wenn sein Status in der gesellschaftlichen Hierarchie darüber entscheidet, ob er sich als Mensch wert oder unwert fühlt? Das bedeutet ja, ständig unter dem Druck zu stehen, diesen Vorstellungen von Erfolg, Status und Unfehlbarkeit entsprechen zu müssen. Ruhe und Gelassenheit gibt es für solche Menschen nicht. Sie sind in permanenter Anspannung. Sie müssen immer gewappnet sein und kämpfen, denn schon an der nächsten Ecke könnte die Niederlage lauern. Tritt diese tatsächlich ein, wird sie als vernichtend erlebt. Solchen Menschen bleibt nichts, wenn ihr Rollenspiel und ihre Posen nicht mehr funktionieren. Der Verlust einer beruflichen Position, die Einbuße von gesellschaftlichem Status – all das erleben sie als Katastrophe.

Das Selbst dieser Menschen ist abhängig von kontinuierlicher Bestätigung und Bewunderung durch andere. Der äußere Anschein von Makellosigkeit und Stärke ist ihr einziger Halt, um nicht in einen Abgrund von Selbstzweifel und Beschämung zu stürzen. Auch die große Bedeutung, die heute Markendesign, Trends und Mode zukommt, lässt sich in diesem Zusammenhang betrachten. Wer sich im »angesagten« Stil kleidet, die »richtige« Musik hört und die aktuellen Sprachcodes beherrscht, ist weitgehend davor gefeit, zumindest im Kreis der Gleichgesinnten unangenehm aufzufallen. So hat man die Sicherheit, »richtig« zu sein. Denn darum geht es Menschen ohne eigene Authentizität: richtig zu sein und sich so vor Zurückweisung und der Scham über die innere Nichtigkeit zu schützen.

Dieses von außen gelenkte Leben, das sich im Aufrechterhalten der Pose erschöpft, ist den wenigsten bewusst. Es wird ja auch von einer Kultur gestützt, die »richtigem« Verhalten bereitwillig Anerkennung zollt. Kinder lernen schon früh, durch Anpassung an die Erwartungen der Erwachsenen das zu bekommen, was ihnen in einem »Sich-selbst-Sein« versagt bleibt, nämlich Aufmerksamkeit und Akzeptanz. So werden wahre Gefühle, zu denen auch Schmerz und Ärger gehören, zunehmend durch ein Zurschaustellen gewünschter Gefühle ersetzt. Wir werden zu Schauspielern unserer selbst und begegnen anderen Menschen nicht mehr mit wirklichem Mitgefühl, sondern mit einer mimischen Fassade, die Effekte erzielen und manipulieren soll. Und da uns die eigene empathische Wahrnehmung verloren gegangen ist, bemerken wir auch nicht, wenn der andere seine Gefühle nur vortäuscht und uns manipuliert.

Die Darsteller in diesem Stück halten das, was sie veranstalten, für wirklich und echt, denn »korrektes« Verhalten ist auch Grundlage ihrer Eigenliebe. Die Selbsttäuschung wird so fortwährend bestärkt und dient gleichzeitig dem Zweck, das im Innern lauernde Unbehagen und die stets bohrenden Selbstzweifel zu besänftigen. Wenn dieses künstlich stilisierte Selbstbild jedoch in Zweifel gezogen oder kritisiert wird, können solche Menschen sehr schnell wütend und gewalttätig werden. Sie können es nicht ertragen, wenn andere sie nicht so sehen, wie sie gesehen werden möchten. Nichts provoziert einen Macho mehr, als ihn zum Schwächling und Feigling zu stempeln (was er tatsächlich ist).

Wut und Gewalttätigkeit offenbaren nicht nur das Reservoir an Hass, das solche Menschen in sich tragen. Sie geben auch Aufschluss darüber, wie schwach sie eigentlich sind und wie sehr sie sich selbst verachten. Das ist das Los aller, die die Pose eingetauscht haben gegen Mitgefühl und Liebe, nach der sie sich in Wahrheit sehnen.

Veränderung ist möglich – ein prominentes Beispiel

In ihrer Rubrik »Ich habe einen Traum«[62] veröffentlichte die Wochenzeitung »Die Zeit« ein Selbstbekenntnis des 48jährigen Schauspielers Mickey Rourke. Ich erinnere Rourke aus früherer Zeit als einen wenig sympathischen Menschen. Er hatte offenbar in seinem eigenen Leben die gleiche Rolle gespielt wie in seinen Filmen: den harten Typ, der zu Gewaltausbrüchen und Exzessen neigt und wenig soziale Verträglichkeit zeigt. Umso erstaunlicher fand ich die Entwicklung, die er offenbar in den letzten Jahren genommen hatte. Da sich in dem Text vieles wiederfindet, worüber ich gesprochen habe, möchte ich ihn etwas ausführlicher zitieren. Mickey Rourke schreibt: »... ich verstehe nun, warum mancher Mönch ein einfaches Leben führt: Weil er alles andere für Illusion hält. Du denkst, diese Illusionen helfen dir. Aber das tun sie nicht. Ich habe lange gebraucht, um das zu erkennen. Es gab einen großen Teil von mir, den ich überhaupt nicht ändern wollte. Ich mochte mich, wie ich war. Ich hatte ein Bild kultiviert, in dem alles an mir hart war. Mein Geist, mein Körper, mein ganzes Leben. Ich war stolz darauf. Da, wo ich herkomme, sind Männer so. ... Inzwischen weiß ich, es ist wichtiger, ehrlich zu sein, als einem Bild hinterherzujagen, das man von sich selbst hat. Sonst wirst du dich immer für das schämen, was du in Wirklichkeit bist. In meinem Innern war ich immer ein ganz kleiner Mensch mit kleinen Händen, der sich nicht wehren konnte. Trotzdem hat sich Kraft, vor allem körperliche Kraft, für mich nicht als beste Lösung erwiesen. Körperliche Stärke kann sich sogar in Schwäche verwandeln. Besonders, wenn es gerade keinen Krieg gibt oder man nicht als Vollzeit-Gladiator arbeitet.«

Rourke schreibt weiter: »Früher bin ich wütend schlafen gegangen und wütend aufgewacht. Ein Mensch voller Wut ist nicht so stark wie einer, der vergeben kann. Jemand, der glücklich ist, ist viel stärker als jemand, der immer wütend ist. Das lernt man allmählich, und manche lernen es nie. Mein früheres Verständnis von Stärke kam von der Straße. Es ging um den Ehrenkodex. Als meine Frau mich verließ, sagte sie: ›Kannst du nicht morgens aufwachen und dankbar sein? Dafür, dass du gesund bist. Dass die Vögel singen und der Himmel blau ist.‹« Das Alleinsein sei für ihn das Schwierigste gewesen, berichtet der Schauspieler, aber er habe sich dazu gezwungen. »Es ist die einzige Möglichkeit, sich wirklich zu verändern. Wenn man den Schmerz ungefiltert fühlt. Erst wenn man keine Leute mehr um sich hat, die einem das Leiden abnehmen, kann man klar sehen.«

Es gehört viel Mut dazu, sich in dieser Weise dem inneren hilflosen Kind und dessen Schmerz zu stellen.

Vor diesem Hintergrund wird das, was wir normalerweise als »mutig« bezeichnen, als Feigheit entlarvt: Gewalt ist immer ein Weglaufen vor dem wahren Schmerz, der seit unserer Kindheit in uns lauert. Die Angst davor ist so groß, dass viele lieber die Selbstzerstörung in Kauf nehmen als sich damit zu konfrontieren.

In unserer Kultur ist jeder von dieser Problematik betroffen, die einen mehr, die anderen weniger, je nach Ausmaß der Beschädigung, die wir in unserer Kindheit erfahren haben. Gewalt und Terror haben hier genauso ihren Ursprung wie die alltägliche Beziehungslosigkeit, unter der viele leiden. Sich einem gleichgestellten Partner zu öffnen hieße ja, die Fassade aufzugeben und zu wahren Empfindungen vorzudringen. Mit dem Schmerz und den Minderwertigkeitsgefühlen, die damit auch zum Vorschein kämen, wollen sich jedoch nur wenige konfrontieren. Das folgende Beispiel zeigt, wie die Verwerfung der eigenen Gefühle und eine daraus resultierende Identifikation mit dem männlichen Heldenmythos zum tödlichen Spiel werden können.

»Der Krieg so nah, alles Leben gesteigert« – der Fall Clara S.

»Liebste Mutti, es ist fast komisch, dass es Ostern wird, auch im Jahr des Unheils 1945. Zwar ist der Brückenkopf, der uns sicherte, nun weg. Aber dennoch wird es noch eine Weile dauern. … Sieg oder tot! Wir schaffen es ja zuletzt doch noch. Unser Leben ist im Augenblick derart schön, dass Du es nicht glauben wirst und auch nicht vorstellen kannst. Der Frühling so schön. Der Krieg so nah. Alles Leben gesteigert.«[63]

Als die 24jährige Clara S. diese Zeilen schreibt, ist ihr Schicksal bereits besiegelt. Stettin, wo sich die BDM-Führerin in einem illustren Kreis höherer Hitlerchargen aufhält, versinkt in Panik und Chaos. Die Wehrmacht hat den Ort preisgegeben, die Rote Armee steht vor den Toren. Fast alle Frauen und Kinder haben die Stadt verlassen. Doch Clara, die dem Führer leidenschaftlich ergeben ist, hat gefunden, was sie immer gesucht hat: eine große Aufgabe, ein heroisches Ziel. Auch die Tatsache, dass um sie herum Menschen ermordet werden, scheint ihr gesteigertes Lebensgefühl nicht weiter zu beeinträchtigen. Sie weiß, dass es auch für sie zu Ende geht, trotzdem schreibt sie an ihre Mutter: »Ich fühle mich so sicher wie nie ... Es ist nicht Übermut, es ist Freude an der Arbeit und Erfüllung an so vielem, das jahrelang Sehnsucht war. Höher kann kein Mensch leben als wir.«

Hier beschreibt eine junge Frau, was es mit dem Heldenmythos wirklich auf sich hat. Der Rausch der Größe, der zum Tod führt, wird als »wahres Leben« interpretiert. Der Tod verspricht für solche Menschen die größte Sicherheit, weil er sie von nagenden Zweifeln und Minderwertigkeitsgefühlen wegen der eigenen Unzulänglichkeit befreit. Das gilt genauso für Frauen, die ihr Selbst auf dem männlichen Mythos aufbauen.

Es ist kein Zufall, dass die Ideologien, die das Mitgefühl am tiefsten verachten und dem männlichen Mythos von Stärke und Größe besonders hemmungslos huldigen, die faschistischen sind. Jede faschistische Spielart verherrlicht den Tod. Deshalb finden diese Ideen eine so leidenschaftliche emotionale Gefolgschaft. Sie rühren an der Neigung vieler, vom Tod als heroischem Erlöser fasziniert zu sein. Deshalb haben es faschistische Ideologien so leicht, Männer und Frauen für ihre vernichtenden Ziele zu gewinnen. Wenn dieses Bedürfnis nach Erlösung nicht schon vorhanden gewesen wäre, hätte der Faschismus nie so erfolgreich sein können. Auch die Begeisterung, mit der sich heute terroristische Selbstmordattentäter in den Tod stürzen, hat in diesem Vorgang seine Wurzeln.

Die Todessehnsucht ist heute nicht stärker ausgeprägt als in früheren Zeiten. Es haben sich jedoch ihre Möglichkeiten der Realisierung verändert. Das Spektrum an Techniken zur kriegerischen Zerstörung hat enorm zugenommen, gleichzeitig lässt sich auch die Tatsache, dass solche Handlungen auf den Tod abzielen, durch Benutzen der Medien sehr viel besser verschleiern. Dabei sind es immer hehre Motive, hinter denen Kriegstreiber ihre Mordlust verbergen. Der Krieg, der im Namen der Freiheit geführt wird, ist hier genauso ein Beispiel wie ein Feldzug für Gott.

Wir dürfen uns nicht blenden lassen von falschen Gefühlen. Selbst die Nazis haben sich nicht gescheut, von der inneren Qual des Mordens zu sprechen. Heinrich Himmler, Reichsführer der SS, sagte im Oktober 1943 vor SS-Gruppenführern in Hinblick auf die Judenvernichtung: »Von euch werden die meisten wissen, was es heißt, wenn hundert Leichen beisammen liegen, wenn fünfhundert oder tausend da liegen. Dies durchgehalten zu haben und dabei – abgesehen von Ausnahmen menschlicher Schwächen – anständig geblieben zu sein, das hat uns hart gemacht.«[64]

Ein Bewusstsein, etwas Entsetzliches zu tun, ist hier durchaus noch vorhanden, es wird jedoch umgeleitet in ein Selbstmitleid, das immer zentraler Bestandteil der zur Schau gestellten Gefühle ist. Selbstmitleid verhindert die empathische Wahrnehmung des Leids, das man anderen zufügt. Und es verschafft dem Täter das Gefühl, zu der Tat berechtigt zu sein. Himmler gelang es auf subtile Weise, die tatsächlichen Opfer als »Täter« und die Täter als »Opfer« erscheinen zu lassen. In dieser zynischen Verdrehung waren die Mörder dazu aufgerufen, sich heldenhaft der grauenvollen Aufgabe zu stellen, die ihnen die Opfer selbst aufgenötigt hatten. So wurden auch denen, die noch zögerten, letzte Zweifel ausgetrieben. Die Frage, ob das Töten legitim sei, musste so nicht gestellt werden. Es ging nur noch darum, ob der Vollstrecker die Kraft aufbringt, seine innere Qual und seine innere Schwäche zu überwinden. Damit sollte erreicht werden, dass sich jeder bemühte, dem männlichen Heldenmythos zu entsprechen und alles zurück zu lassen, was an menschlichen Gefühlen noch vorhanden war. George W. Bush bediente sich eines ähnlichen Vorgehens, als er die Industrienationen dazu aufrief, ihn bei seinem Angriff auf den Irak zu unterstützen. Auch *er* unterstellte denen, die Zweifel an seiner »Allianz gegen den Terror« äußerten, unterschwellig Feigheit und Schwäche.

Das Mörderische tritt uns in den seltensten Fällen mit offen gezeigter Mordlust entgegen. Ich möchte an einem weiteren Beispiel aus der NS-Zeit zeigen, wie »normal« und »gefühlvoll« das Böse auftreten kann. Am 11. Juni 1944 verübte die Waffen-SS im französischen Oradour ein Massaker, dem fast die gesamte Bevölkerung des kleinen Ortes zum Opfer fiel. Die SS-Leute führten die Tat in aller Gemütsruhe durch. Nachdem sie alle Männer zusammengetrieben und erschossen hatten, wurden die Frauen und Kinder in die Kirche gebracht. Ernst von Schenck berichtet: »Sie taten dies mit ausgesprochener Güte. Die Mütter waren gerührt über so viel Zartheit dieser gefürchteten Männer, die ihre Kinder herzten, ... so dass die armen Todgeweihten ihnen folgten, als gehe es zu einem herrlichen Versöhnungsfest. Als alle beisammen waren, wurden die Kirchentüren verschlossen, und der Massenmord konnte beginnen.«[65] Die Kirche wurde angezündet, 207 Kinder und 254 Frauen verbrannten.

Dieses erschreckende Nebeneinander von »Güte« und kalter Bereitschaft zu morden zeigt, wie oberflächlich und belanglos die Freundlichkeit dieser Menschen ist. Die nach außen gezeigten Gefühle wurzeln nicht in ihrem Inneren und haben deshalb auch keine Auswirkung auf das tatsächliche Verhalten. Sie sind nichts anderes als Masken in einem Rollenspiel, das den Darstellern ein Wohlgefühl vermittelt, weil sie sich »richtig« verhalten. Es geht ihnen ja nicht um wahre Gefühle, sondern darum, »richtig« auszusehen. Das gibt Menschen ohne Inneres den Anschein von Menschlichkeit.

Wir neigen dazu, Ereignisse wie in Oradour den besonderen Umständen jener Zeit zuzuschreiben. Eine solche Interpretation geht aber an den Tatsachen vorbei. Sie entspricht nur unserer Tendenz, die wahren Zusammenhänge nicht zur Kenntnis zu nehmen. Wir sind von klein an trainiert, die Pose als Realität zu akzeptieren, um das, was sich dahinter verbirgt, nicht sehen zu müssen. Ich erinnere mich an einen tragischen Fall in den USA, als ein Mädchen sich selbst tötete.[66] Sie war den Abend zuvor zum Tanzen gewesen und hatte anschließend die Nacht mit einem jungen Offizier der Luftwaffe verbracht. Der Vater war über das Verhalten seiner Tochter so erzürnt, dass er ihr zur Strafe befahl, ihren Hund zu erschießen. Das verzweifelte Mädchen richtete die Waffe jedoch gegen sich selbst.

In ihrer Berichterstattung waren die Medien voller Mitgefühl für die »armen« Eltern, die der Tochter ja nur »zu ihrem Besten« eine Lektion erteilen wollten. Natürlich zeigten sich diese über die Folgen ihrer erzieherischen Maßnahme entsetzt. Sie glaubten ja, aus »Liebe« zu handeln. Tatsächlich aber folgten sie destruktiven Impulsen. Ich schließe mich hier den Ausführungen des amerikanischen Psychiaters und Psychoanalytikers Joseph C. Rheingold[67] von der Harvard University an, der auf Grund von Studien über mütterliche Gefühle zu der Schlussfolgerung gelangte, dass häufig Empfindungen, die als »Liebe« erlebt werden, tatsächlich Ausdruck einer Selbsttäuschung sind. Diese dient dazu, einer Konfrontation mit dem wahren Gefühl, nämlich Hass, aus dem Wege zu gehen.

Alles nur zu unserem Besten?

Gewalt gehört zu unserem Alltag. Sie prägt die Kindererziehung wie das Geschäftsleben, das Verhältnis zwischen den Geschlechtern sowie den Umgang mit Tier und Natur. Trotzdem schauen wir über destruktive Absichten hinweg, weil wir uns vom Anschein »guter« Absichten täuschen lassen. Wir akzeptieren politische Maßnahmen, die unseren Interessen zuwider laufen, weil sie angeblich zu unserem Besten sind. Denn wir billigen den Mächtigen die Fähigkeit zu, besser zu wissen, was für uns gut ist. Auch wenn es unserem Selbstbild als emanzipierte Bürger so gar nicht entspricht: Die Bewunderung von Erfolg, Macht und Größe, die auf eine Idealisierung von Eltern, die uns unterdrückt haben, zurückgeht, verleitet uns immer wieder, falschen Göttern zu trauen und ihren Inszenierungen zu erliegen. Wir staunen über die Schamlosigkeit, mit der in den Führungsetagen von Politik und Wirtschaft gelogen und betrogen wird, weil wir die Inhaber solcher Positionen grundsätzlich für klug und integer halten. Dabei ist uns nicht bewusst, wie sehr solche Vorstellungen einem Wunschdenken entsprechen, das seinen Ursprung in einer Realitätsverleugnung hat, die weit in unsere Kindheit zurückreicht.

Der Wahrheit ins Auge zu sehen, ist schwer. Es hieße ja, sich in Konflikt mit den Mächtigen und deren Wirklichkeitsdefinition zu begeben. Es hieße auch, sich gegen die Prinzipien der Eltern und deren falsche Realität zu stellen, die man sich einverleibt hat. Vor allem aber hieße es, der eigenen Unterwerfung und dem eigenen Selbstbetrug – damals wie heute – ins Auge zu sehen.

Eine solche Konfrontation ist fast nicht möglich, da man den Eltern ja beitrat, um sich aus der verzweifelten Hilflosigkeit und Ohnmacht des Kindes zu retten. Sich dieser frühen Erfahrung zu stellen bedeutet deshalb, den eigenen Überlebensstrukturen zu trotzen und den tiefen Schmerz, der mit der erlebten Erniedrigung einherging, wieder zu erleben. Die große psychische Kraft, die das erfordert, lässt sich alleine kaum aufbringen. Ein liebender verständnisvoller Partner, ein einfühlsamer Therapeut oder auch tief verstehende Literatur wie die von Pascal Mercier[68] oder Jakob Wassermann[69] können helfen, sich mit diesen tiefen Verletzungen auseinander zu setzen.

Wir sind geblendet vom Glanz des Äußeren, und auch unser falsches Selbstbild hindert uns daran zu erkennen, was zu erkennen notwendig wäre, um unserer Welt eine Chance auf stabilen Frieden zu geben: dass nämlich die destruktiven Tendenzen struktureller Bestandteil unserer Zivilisation sind und durch kulturspezifische Sozialisation in jedem von uns verankert werden. Diese Sozialisation lehrt – bewusst oder unbewusst –, dass Selbstwert durch Überlegenheit zu erringen ist. Andere nieder zu machen, auf sie herab zu schauen und sich ihrer zu bemächtigen, wird so zur Quelle des Wohlbefindens.

Es gab Kulturen, in denen das anders war.[70] Die Pawnees zum Beispiel, ein amerikanischer Indianerstamm, lehrten ihre Kinder nach einem einfachen Grundsatz zu leben: Tue deinem Nachbarn nie etwas an, denn es ist nicht der andere, den du triffst, sondern du selbst. Auch in diesem Volk galten strenge Gesetze für das Zusammenleben, und es wurde erwartet, dass alle sie befolgten. Die Regeln wurden jedoch nicht mit Gewalt durchgesetzt. Jeder Einzelne war sein eigener Richter. Nicht wie andere über sie urteilten, war Maßstab ihres Lebens, sondern was sie selbst über sich fühlten. Die Beziehung zwischen Kindern und Eltern beruhte auf gegenseitiger Akzeptanz. Es gab kein autoritäres Gehabe und keine Bestrafung. So konnten Aufrichtigkeit und Authentizität zur Basis der charakterlichen Grundstruktur dieser Menschen werden. Beobachter waren überrascht, dass die Eingeborenen weder Angst noch Hass zeigten, als sie von den Weißen überwältigt wurden. Und sie bemerkten, dass diesen »unzivilisierten« Menschen Lug und Trug fremd waren und sie List und

Täuschung der Weißen nichts entgegensetzen konnten. Sie hatten in ihrer Sprache nicht einmal Worte für solche Verhaltensweisen.

Vertrauen in sich und die Welt

Wenn sich Menschen in ihrer frühesten Begegnung mit Vater und Mutter sicher und akzeptiert fühlen, können sie ein tiefes Urvertrauen entwickeln. So entsteht ein Selbst, das im eigenen Sein ruht und anderen Menschen ohne Angst und Feindseligkeit begegnen kann. Solche Menschen haben eine selbstverständliche Ehrlichkeit. Sie brauchen sich und anderen nichts vorzumachen. Ein Kind, das in einer ablehnenden Atmosphäre aufwächst und sich Liebe und Geborgenheit fantasieren muss, um seelisch zu überleben, wird dagegen ein Selbst entwickeln, das auf dem Vertrauen in eine Scheinwelt beruht. In seiner Hilflosigkeit braucht das Kind zumindest die Illusion, von den Eltern beschützt und angenommen zu sein. Solche Menschen können kein beständiges Urvertrauen entwickeln, das in einer inneren Selbstgewissheit wurzelt. Ihr »Urvertrauen« basiert auf einem Selbstbetrug. Deshalb werden sie ihrer Umwelt Zeit ihres Lebens ängstlich und misstrauisch begegnen. Gleichzeitig suchen sie Halt in einer Scheinwelt, die ihnen Sicherheit und Orientierung verspricht. Wenn diese ins Wanken gerät, bricht auch ihr »Urvertrauen« zusammen. Die daraus resultierende Verunsicherung bringt sie dazu, sich berechtigt zu fühlen, gegen andere zynisch, sarkastisch und grausam zu sein.

Blender, die Überlegenheit, Erfolg und männliche Stärke demonstrieren, haben mit diesen Menschen ein leichtes Spiel. Kritiker dagegen, die ihre Illusionen in Frage stellen und Täuschungen entlarven, machen sie wütend und aggressiv. Menschen ohne eigenes Selbst sind immer eine Gefahr, da in ihnen ein großes Potential an Wut lauert, das sich zu entladen droht, sobald ihre Scheinwelt Risse bekommt. So lange die äußeren Umstände stabil bleiben, können sie ein weitgehend unauffälliges Leben führen. Wenn jedoch das äußere Gerüst ins Wanken gerät, werden ihre destruktiven Impulse offenbar. Völkermorde und Genozide sind Ausdruck solcher Fehlentwicklungen.

Gesellschaftliche Krisen wecken die alte Wut

Terrorismus, wachsende Arbeitslosigkeit und der zunehmende Abbau sozialer Leistungen haben in den letzten Jahren viele verunsichert. Vor allem Menschen, deren Urvertrauen früh zerstört wurde und die ihre Zuversicht in die Zukunft nicht aus einer inneren Gewissheit beziehen können, erleben durch diese Entwicklungen tiefe psychische Erschütterungen. Die Zunahme von Angst und Gewalt ist deshalb nicht verwunderlich. Gleichzeitig ertönt wieder der Ruf nach nationaler Geschlossenheit und einer starken Führungsfigur. In fast allen Industrieländern registrieren wir heute eine politische Orientierung nach rechts. Zwei Drittel der Deutschen hoffen laut aktueller Studien[71] auf eine starke Führungsfigur, die sie und das Land aus der Ungewissheit führt. 40 Prozent wünschen sich ein »starkes Nationalgefühl«.[72] Jeder vierte fürchtet eine Überfremdung durch Ausländer. Und jeder Fünfte glaubt, Juden hätten einen zu großen Einfluss in Deutschland.

Wenn der äußere Halt bröckelt, brechen bei Menschen ohne inneren Kern die Wunden der Kindheit wieder auf. Der alte innere Terror wird zum Leben erweckt und damit auch die Wut, die in allen schmort, deren eigenes Selbst unterdrückt wurde und die ihr Überleben durch Unterwerfung, Anpassung und Gehorsam sichern mussten. Das sind die Menschen, die sich vor jeden Karren spannen lassen, der ihnen die Möglichkeit gibt, ihre angestaute Wut auszuleben. Ihre Aggressionen werden weitgehend in Schranken gehalten, solange ihr Umfeld auf ein friedliches Miteinander achtet. Soziale Spannungen jedoch erhöhen die Chance, dass sich ihre Gewaltbereitschaft hemmungslos entlädt.

Für Demagogen, Kriegstreiber und Hassprediger sind solche Menschen willfährige Opfer, denn die vermeintlichen »Autoritäten« liefern ihnen das ideologische Rüstzeug, das ihnen erlaubt, ihre Aggressionen gegen »legitime« Feindbilder zu richten. So steht diesen Menschen, die kein Mitgefühl mit anderen kennen, nichts mehr im Weg, was ihre mörderischen Impulse hemmen könnte. Sie können bedenkenlos zuschlagen, denn nach ihrer Logik verdienen es die Opfer nicht anders.

Verbrechen gegen die Menschheit werden so zu einem »gerechten Krieg« umgedeutet, und die Täter dürfen sich als die »Guten und Auserwählten« wähnen. Das schmeichelt ihrem gedemütigten Selbst, sie können sich wertvoll und bedeutend fühlen. Nur so lässt sich erklären, wieso Hitler so viele bereitwillige Helfer bei seinem Feldzug gegen die Juden fand. George W. Bushs Krieg gegen die »Achse des Bösen« findet in diesem psychologischen Zusammenhang genauso seine Begründung wie die terroristischen Anschläge im Zeichen Allahs. Die Bereitschaft zu töten wird ausgelöst durch einen inneren Drang der Täter, Feindbilder zu finden, auf die sie ihre ganze Wut richten können. Denn ihr quälendes Gefühl von Minderwertigkeit und ihr Hass auf sich selbst sind nur zu besänftigen, wenn »draußen« ein »Feind« ist, auf den sich all die Eigenschaften projizieren lassen, die man an sich selbst so sehr zu verachten gelernt hat. Natürlich hat die Wut dieser Menschen auch einen wahren Ursprung, nämlich die frühe Unterdrückung durch die Eltern. Diese sind als Verursacher und Ziel ihrer Aggressionen jedoch tabu. Deshalb müssen sie Feinde außerhalb ihres eigenen Selbst finden, um gegen diese allen Hass und alle aufgestaute Wut zu entladen.

Die demokratische Erziehung lehrt, dass Kriege und Gewalt sich am wirksamsten durch Aufklärung und Austausch zwischen den Kulturen verhindern lassen. Diesem frommen Glauben liegt die Vorstellung zu

Grunde, Menschen seien vornehmlich durch ihren Verstand und rationale Einsichten geleitet. Die verheerenden Kriege und Völkermorde, die in den letzten hundert Jahren ein Vielfaches an Menschenleben gekostet haben als alle Jahrhunderte zuvor, sind ein erschrekkender Beweis, der gegen diese These spricht. Ob in Hinblick auf die Judenverfolgung unter den Nazis, den Massenmord serbischer Milizen an bosnischen Flüchtlingen in Srebrenica oder das Hinschlachten der Tutsie durch die Hutus in Ruanda – immer hatten die Mörder vor ihrer Tat in enger Nachbarschaft mit ihren späteren Opfern gelebt. Aktuellen Erhebungen zu Folge sind die meisten islamistischen Selbstmordattentäter in Europa und Nordamerika im Westen aufgewachsen.[73] Auch Bildung schützt vor Mordlust nicht. Viele besonders grausame Nazis waren Akademiker. Auch zahlreiche Terroristen hatten eine Universitätsausbildung.

Wir müssen uns damit abfinden, dass es Menschen gibt, deren ganzes Bestreben sich um Tod und Vernichtung dreht. Ihr Hass auf Vertreter einer anderen Religion, einer anderen Weltanschauung oder einer anderen Hautfarbe hat mit mangelnder Kenntnis nichts zu tun. Er wurzelt vielmehr in einem abgrundtiefen Selbsthass und einer Wut, die schon in frühester Kindheit durch Unterdrückung ihres Eigenen entfacht wurden. Deshalb lassen sich ihre Destruktivität und ihre Mordlust auch nicht durch vernünftige Argumente bezwingen.

Jeder von uns kennt Situationen, in denen er während eines Streits – sei es bei sich selbst oder bei einem anderen – großer Verärgerung ausgesetzt war. Wir wissen, wie schwer es ist, in einem solchen Moment ein »vernünftiges Gespräch« zu führen. Auch wenn wir weit davon entfernt sind, »mörderisch« zu sein, können uns solche Erfahrungen doch eine Ahnung davon vermitteln, welche Bedrohung von Menschen ausgeht, deren Wut ständig schwelt und um vieles mächtiger und überwältigender ist.

Unsere Kultur vernachlässigt das innere Erleben des Menschen und gibt sich dem Trugbild hin, alle Probleme ließen sich durch rationales Denken und theoretische Konzepte lösen. Nicht das seelische Wohlergehen der Bürger bewegt viele Wissenschaftler und politisch Verantwortliche, sondern – um die eigene Macht aufrechtzuerhalten – die Verwirklichung abstrakter Vorstellungen von Effektivität und Fortschritt. Die Frage, inwieweit es gerade diese Sichtweise ist, die gesellschaftliche und menschliche Probleme hervorbringt, kann im Rahmen dieses Denkmodells nicht gestellt werden. Zwar sind soziologische Studien bemüht, die Ursachen von Arbeitslosigkeit und Kriminalität, von zunehmender Gewalt oder dem dramatischen Anstieg psychischer Erkrankungen zu ergründen. Die pathologische Struktur unserer Gesellschaft selbst wird jedoch nicht unter die Lupe genommen.

Die Quelle von Feindseligkeit und Gewalt liegt in einer Kultur, die Leistung und Besitz über alles stellt und es Menschen kaum möglich macht, ein Selbst zu entwikkeln, das auf Vertrauen und Mitgefühl beruht. Nur wenn wir die komplizierten wechselseitigen Verflechtungen von gesellschaftlicher Struktur und individuellen Lebensgeschichten berücksichtigen, können wir verstehen, warum Gewalt allgegenwärtig ist. Besitz braucht Machtstrukturen, und Machtstrukturen lassen sich dauerhaft nur mit Hilfe eines Mythos erhalten, der den Mächtigen als »guten Vater« (oder gute Mutter) erscheinen lässt. Dieser Mythos wird mehr oder weniger in jedem von uns durch eine Sozialisation »installiert«, die das eigene Innere unterdrückt und durch gehorsame Anpassung an die Erwartungen der (elterlichen) Autorität ersetzt. Diese seelische Verstümmelung jedoch ist die Ursache von Hass und Gewalt.

Das Phänomen als solches ist nicht neu. Kriege überziehen seit Tausenden von Jahren die Erde mit Gewalt. Sie sind Bestandteil der großen Zivilisationen, die das Innere des Menschen zunehmend vernachlässigt und stattdessen Besitz, Herrschaft und Größe in den Mittelpunkt des Lebens gestellt haben. Ich möchte an dieser Stelle Samuel Johnson[74], einen scharfsinnigen Beobachter unserer Kultur, zitieren, der schon im 18. Jahrhundert schrieb: »Als der Mensch anfing, nach Privateigentum zu streben, traten Gewalt, Betrug, Diebstahl und Raub auf den Plan. Bald danach brachen Stolz und Neid in der Welt aus und brachten einen neuen Maßstab des Reichtums mit sich, denn die Menschen, die sich bis dahin für reich gehalten hatten, wenn ihnen nichts fehlte, schätzten nun ihr Verlangen nicht nach natürlichen Bedürfnissen, sondern nach dem Überfluss der anderen ein. Sie fingen an, sich für arm zu halten, wenn sie gewahr wurden, dass ihre Nachbarn mehr Besitztümer hatten als sie selber.«

In unserer heutigen Zeit treibt diese Entwicklung durch die Globalisierung und enorme technische Möglichkeiten ihrem Höhepunkt zu. Niemals in der menschlichen Geschichte war der Abgrund, der Reiche und Arme trennt, so tief. Armut bedeutet nicht nur, zu hungern und unter miserablen Bedingungen zu leben. Arme sind medizinisch schlechter versorgt, sie haben eine kürzere Lebenserwartung und kaum eine Chance, ihr Schicksal durch Bildung oder Arbeit zu verbessern. Zu diesen objektiven Benachteiligungen kommt noch etwas Entscheidendes hinzu: Arm sein bedeutet häufig auch, sich überflüssig und weniger wert zu fühlen, weil gängigen Vorstellungen zu Folge erst der Besitz dem Menschen Bedeutung gibt.

Der türkische Schriftsteller Orhan Pamuk[75], Träger des Friedenspreises des Deutschen Buchhandels 2005, schreibt: »Man könnte sagen, dass der Reichtum der wohlhabenden Länder ihre eigene Sache wäre und die armen Länder nicht in ihren Angelegenheiten beeinflusst. Doch noch nie in der Geschichte wurde die Aufmerksamkeit der Armen so eindringlich durch Fernsehen und Hollywoodfilme auf das Leben der Reichen gelenkt. Man könnte auch sagen, die Geschichten vom Leben der Könige seien nun mal die Unterhaltung der Armen. Es ist aber viel schlimmer, denn wie nie zuvor geben sich die Reichen und Mächtigen der westlichen Welt unmissverständlich als die Richtigen und die Vernünftigen aus.«

Jeder Arme fühlt, wie unbedeutend er ist und wie gering sein Anteil am Reichtum der Welt. Diese Menschen wissen sehr gut, dass sie unter unvergleichbar schlechteren Bedingungen leben als die Wohlhabenden. Zugleich haben die meisten von ihnen jedoch die Ideologie der westlichen Kultur verinnerlicht, wonach Armut eine Schande und durch eigene Unzulänglichkeit verschuldet ist. Die Reichen haben keine Ahnung von dem Ausmaß an Demütigung und Erniedrigung, das die meisten Menschen unserer Welt erleben. Ihre Herabwürdigung und ihre Ohnmacht verleiten immer mehr Benachteiligte dazu, sich von fundamentalistischen Hasspredigern beeinflussen zu lassen und sich Terroristen anzuschließen.

Das Bedürfnis, Wert und Bedeutung zu haben

Ein Mensch braucht das Gefühl, dass sein Dasein eine Bedeutung hat. Das hält sein Leben zusammen und gibt ihm Sinn und Substanz. Wenn ein Mensch in seiner Kindheit liebevoll angenommen wurde und auch Leid und Schmerz in einer wohlwollenden Umgebung bewältigen konnte, dann wächst in ihm das selbstverständliche Gefühl, einen Platz in der Welt zu haben. Kreativität und die tiefe Verbundenheit mit andern können dann zur Gewissheit eines sinnerfüllten Lebens beitragen. Wie ich gezeigt habe, behindert unsere Kultur jedoch die Entwicklung solcher inneren Quellen. Deshalb suchen wir Bedeutung für unser Leben in dem, was die Gesellschaft als anerkennenswert offeriert: Erfolg und Status, Besitz, Ruhm und Macht.

Was geschieht jedoch, wenn diese Verheißungen nicht eingelöst werden? Wenn sich der globale Wettbewerb um die Glücksgüter verschärft und offenbar wird, dass nur wenige darauf hoffen können? Menschen, die nie ein stabiles Inneres entwickeln konnten, sind abhängig von äußeren Gratifikationen. Wenn diese entfallen, fühlen sie sich unbedeutend, minderwertig und leer. Dieser unerträgliche Zustand macht sie verführbar für alle, die Feindbilder anbieten und ihnen mit der Inszenierung von Größenspektakeln das verlorene Gefühl von Sinn und Bedeutung geben. Hitlers Reichsparteitage in Nürnberg und George W. Bushs Auftritt auf dem Flugzeugträger, als er den Sieg im Irak verkündete, sind Beispiele für solche Veranstaltungen. Menschen fühlen sich durch Identifikation mit der Größe und Macht der Inszenierung in ihrem Sein gestärkt.

Nizar Trabelsi – vom Fussballstar zum Terroristen

Nizar Trabelsi ist 19 Jahre alt, als er nach Deutschland kommt.[76] Für den jungen Tunesier scheint ein Traum in Erfüllung zu gehen. Fortuna Düsseldorf will den talentierten Fußballer, der es in seiner Heimat bis in die Olympiamannschaft geschafft hat, unter Vertrag nehmen. Wohlstand und Ruhm sind in greifbare Nähe gerückt. Er lernt seine spätere Frau Simone kennen, sie heiraten, bekommen eine Tochter. Doch Trabelsi scheitert. Deutsche Disziplin und die harten Trainingsmethoden machen ihm zu schaffen. Statt den erhofften Karrierezug durch die Bundesliga anzutreten, wird er immer weiter degradiert, bis er schließlich bei einem drittklassigen Verein in der Oberliga landet. Der junge Mann wird immer aggressiver. Seine Frau, die ihn »Versager« nennt, trennt sich von ihm und lässt sich scheiden. Er rutscht ins Drogenmilieu ab. Trabelsi ist sieben Jahre in Deutschland, als er zum ersten Mal nach Saudi-Arabien reist, um dort »den Islam an seiner Quelle« zu studieren. In der Gemeinschaft der Dschihadis findet der Tunesier schnell die Anerkennung, die ihm in seinem deutschen Umfeld versagt blieb. Nizar Trabelsi gewinnt an Selbstvertrauen. Seine neuen Freunde vermitteln ihm, dass nicht er für sein Scheitern verantwortlich war, sondern der verderbte Westen. In Afghanistan trifft er schließlich mit Osama bin Laden zusammen. Dieser sei wie ein Vater für ihn gewesen und habe ihm viele wichtige Ratschläge gegeben, sagt er später. Im Frühjahr 2002, zwölf Jahre nachdem er mit großen Erwartungen nach Deutschland gekommen war, will sich Nizar Trabelsi in einem Offizierskasino der US-Armee in die Luft sprengen und dabei möglichst viele Soldaten mit in den Tod reißen. Zum Glück vereitelten Fahnder, die durch Observation Verdächtiger auf seine Spur gerieten, den mörderischen Plan.

Einen ähnlichen Entwicklungsverlauf finden wir auch bei Mohammed Bouyeri[77], dem Mörder des holländischen Regisseurs Theo van Gogh, sowie bei den pakistanischen Selbstmordattentätern[78], die im Sommer 2005 die Anschläge in London verübten. Diese Terroristen waren im Westen aufgewachsen und hatten dessen Vorstellungen von einem Leben übernommen, das erst durch Besitz und Status Wert erhält. Ihre gesellschaftliche Situation, die häufig durch Ausgrenzung und Abwertung gekennzeichnet ist, machte es ihnen jedoch unmöglich, hier ein Gefühl von Bedeutung und Anerkanntsein zu entwickeln. Wie im Fall von Mohammed Atta, dem Anführer der Anschläge auf das World Trade Center, bringt selbst akademischer Erfolg solche Menschen dazu, sich weniger wert zu fühlen als Weiße ihresgleichen. Sie lehnen den Westen und dessen Werte ab, haben aber gleichzeitig dessen Werte von Erfolg und Herrschaft verinnerlicht und fühlen sich deshalb gedemütigt und minderwertig.

Auch wenn viele islamische Staaten in Hinblick auf Reichtum, Bildung und kraftstrotzende Waffen dem Westen in nichts nachstehen, fühlen sich viele Muslime dennoch als Sklaven westlich-christlicher Mächte, denn sie haben deren Werte zutiefst verinnerlicht. Hassprediger nutzen diesen Umstand, indem sie einerseits die glorreiche Vergangenheit des Islams beschwören und dann das Eindringen des westlichen Lebensstils für seinen Niedergang verantwortlich machen. Diese Methode ist äußerst effektiv. Indem sich der Terrorist solchen Führern und ihrem Hass anschließt, kann er nicht nur sein Minderwertigkeitsgefühl zurückdrängen und durch einen Größenwahn ersetzen, der sein mörderisches Tun zu einer glanzvollen heiligen Tat heroisiert. Da das islamische Minderwertigkeitsgefühl seine Wurzeln in der Verinnerlichung der gehassten Wertvorstellungen des Westens hat, bereitet diese Strategie auch die Bereitschaft zum Selbstmord vor. Das zutiefst demütigende Gefühl, das mit der freiwilligen Unterwerfung einhergeht, muss abgetötet werden. Deshalb ist der Attentäter auch bereit, sich selbst zu töten.

Unsere Kultur fördert die Gewalt

Ich möchte noch einmal zusammenfassen: Unsere Kultur macht es Menschen sehr schwer, ein eigenes freies Selbst zu entwickeln, weil sie das innere Erleben abwertet und Äußerlichkeiten wie Besitz und Status zum Maßstab des persönlichen Selbstwertes erhebt. Gleichzeitig sind in dieser Kultur Gewalt, Dominanzstreben und Rivalität als »positive« menschliche Qualitäten verankert. Zugespitzt könnte man sagen: Wer im Konkurrenzkampf um Status und Besitz gewinnt, darf sich als stark und bedeutungsvoll erleben. Die »Verlierer« jedoch, die sich – aus welchen Gründen auch immer – keinen Anteil sichern können, werden als unbedeutend und weniger wert angesehen. Menschen, die kein starkes Inneres haben und deren Selbstgefühl deshalb von solchen hierarchischen Zuschreibungen abhängig ist, brauchen sowohl Feindbilder als auch mächtige Identifikationsfiguren, um Selbsthass und Minderwertigkeitsgefühle zu betäuben, die auf Grund ihrer Sozialisation in ihnen lauern und die wieder erweckt werden, wenn sie Demütigungen und gesellschaftliche Abwertung erfahren.

Das ist der Kern des Problems: Alle Menschen, die Gewalt und Krieg suchen oder sich zum Mitmachen verleiten lassen, sind abgeschnitten von den Möglichkeiten eines Selbst, das auf eigenem inneren Erleben und dem Mitgefühl mit anderen basiert. Sie brauchen Helden, mit denen sie sich identifizieren können, oder sie müssen sich selbst zum Helden machen, indem sie andere verletzen und töten.

Wenn Menschen weder aus ihrem Inneren noch durch äußere Gratifikationen ein Gefühl von Bedeutung entwickeln können, lassen sie sich leicht zu Werkzeugen von Psychopathen machen, deren ganzes Streben auf Tod und Vernichtung ausgerichtet ist. Wie ich bereits aufgezeigt habe, handelt es sich bei solchen »Führern« selbst um Menschen, denen man in ihrer Kindheit tiefe Verletzungen und Abwertungen zugefügt hat. Anzeichen für solche Erfahrungen lassen sich in der

Biographie Hitlers wie auch in den frühen Lebensgeschichten von George W. Bush und Osama bin Laden feststellen.[79]

Solchen Menschen geht es immer darum, sich selbst als grandios und unbesiegbar und andere als minderwertig und vernichtenswürdig zu erleben. Macht zu inszenieren ist deshalb ihr ganzer Lebenszweck. Die Größenphantasien, die sie dabei hervorbringen, ziehen andere an, die ihnen beitreten, um ihr eigenes inneres Vakuum zu füllen. Auch Computerspiele bedienen und verstärken diese Tendenz, das eigene geschädigte Selbstgefühl durch Zerstörung anderer zu erhöhen. Zum Helden und Superstar wird, wer möglichst viele Gegner getötet hat. Indem Gewalt auf diese Weise heroisiert wird, verschleiert man die wahren Motive. Mehr noch: Die Lust am Töten wird als Vitalität und Lebendigkeit umgedeutet.

Dieselbe Kultur, die das Innere des Menschen vernachlässigt, braucht Feindbilder, um sich selbst zu erhalten und ihren Mitgliedern ein sinnerfülltes Selbstbild zu ermöglichen. Eine eher harmlose Variante ist ein Zeitgeist, der Menschen nach Besitz und Lifestyle beurteilt – ein leeres Selbst braucht andere, auf die es herabschauen kann, und sei es nur, weil diese die »falschen« Turnschuhe tragen oder ein veraltetes Handy-Modell besitzen. Die Tatsache, dass mehr als die Hälfte der Weltbevölkerung noch nie ein Telefon in der Hand hatte, scheint dabei keine Rolle zu spielen.

In Krisenzeiten wächst die Gewaltbereitschaft. Dies ist die Stunde für politische Führer, die – unter dem

Vorwand, für die Gesellschaft nur das Beste zu wollen – die Erlaubnis erteilen, Hass und Verachtung gegen soziale Gruppen zu richten, die angeblich für die Missstände verantwortlich sind. So werden Ausländer diskriminiert, Arbeitslose als »faul« beschimpft und selbst Kranke und Alte zum gesellschaftlichen Problem degradiert.

Auf diesem Weg lassen sich Menschen für Kriege mobilisieren. Es müssen nur glaubwürdig ein Feindbild und die Ideologie einer »gerechten Sache« aufgebaut werden. Durch die Hingabe an die abstrakte Idee, eine reine und erhabene Mission zu erfüllen, werden die Grenzen des Ichs aufgeweicht: der Mensch fühlt sich größer und zugleich hingebungsvoll, weil er sich bereit erklärt, einer Idee zu dienen, die größer als sein Selbst ist.

Das Bindeglied, das Menschen dazu veranlasst, machtbesessenen Führern und ihren Ideologien zu folgen, ist eine allgemeine Gehorsamkeitsbereitschaft, zu der wir alle erzogen wurden. Wir fühlen uns wohl, wenn wir einem starken Menschen folgen. Das gibt uns nicht nur Halt und Orientierung. Die Identifikation mit Macht und Stärke vermittelt ein Gefühl von Bedeutung und Sinnhaftigkeit. So kommt es immer wieder zu der paradoxen Situation, dass ausgerechnet Benachteiligte solche politischen Führer wählen, die nur Verachtung für sie übrig haben und deren Programm ihre Situation noch verschlimmert.

Kriege können verhindert werden, und ich glaube, es ist einfacher, als wir denken. Denn viele von uns haben noch Träume, die mit unserer Sehnsucht nach menschlicher Verbundenheit zu tun haben. Diese Träume, die tief aus unserem Inneren kommen, können uns eine Hilfe sein, denn sie tragen dazu bei, die Wahrheit zu erkennen und stärken den Mut, unser Mitgefühl zum Maßstab unseres Handelns zu machen. Denn darum geht es: an dem Glauben an das Gute im Menschen festzuhalten.

Die amerikanischen Indianer brachten ihren Kindern bei, dass alles, was wir anderen antun, auf uns selbst zurückfällt. »Paradoxerweise kann man sich nicht selbst helfen, wenn man nicht auch seinen Mitmenschen helfen kann«, schreibt der Dalai Lama, »es ist die Pflege von Liebe und Mitgefühl, unsere Fähigkeit, in das Leiden eines anderen einzutreten, um es zu teilen, die Grundlage für das weitere Überleben unserer Spezies ist.«[80]

Wenn wir begreifen, dass wir alle miteinander verbunden und voneinander abhängig sind, werden wir Gewalt unmöglich machen. Es sind unsere Gemeinsamkeiten, die uns der Liebe und nicht dem Krieg entgegenführen. Die Gefahr besteht jedoch, dass uns propagandistische Tricks davon abhalten, diese Gemeinsamkeiten zu sehen. Wenn George W. Bush auf einen Krieg gegen den Terror pocht, statt dessen Hintergründe anzugehen, dann lenkt er von wahren

Problemen ab und gibt uralten Ängsten, die aus unserer Kindheit stammen, Gestalt. David King, wissenschaftlicher Chefberater der britischen Regierung, schrieb im Januar 2004, das größte Problem, mit dem sich die Welt konfrontieren müsse, seien die Klimaveränderungen, die eine ernstere Bedrohung darstellten als der Terrorismus.[81]

So werden wir von der Wirklichkeit ferngehalten. Das Weltbild, das man uns vorspielt, wird dauernd neu umgeordnet. Wir sind so gewöhnt an die ständigen Veränderungen, dass wir sie als ganz normal erleben. So bemerken wir nicht mehr, was man uns antut und dass die größte Militärmaschine der Weltgeschichte mit ihrer tödlichen Technik an die Rhetorik einer Christlichkeit gekettet ist, die genauso fundamentalistisch ist wie der Islamismus der terroristischen Gegenspieler. Und beide Seiten kämpfen im Namen des »Guten gegen das Böse« und für eine »Befreiung von der Angst«.

Wenn es uns nicht gelingt, an der menschlichen Fähigkeit des Mitgefühls festzuhalten, dann wird uns der Irrsinn der Fundamentalisten – egal welcher Couleur – einholen und zerstören. Es bleibt uns keine andere Wahl, als uns auf unser Herz und unser Mitgefühl zu besinnen. Nur so werden wir die Urängste, die uns zu zerstören drohen, bändigen.

Nach meinen Vorträgen werde ich häufig gefragt, was wir denn tun können, um unser Herz zu öffnen und unser Mitgefühl zu stärken. Die Zuhörer erwarten Ratschläge, Anweisungen, Regeln. Ich antworte dann immer, dass mitfühlende Tendenzen, die wir ja alle in uns tragen, gefördert werden, wenn wir unser Erleben mit anderen Menschen teilen. Wir selbst erfahren dadurch eine Stärkung, und anderen wird der Mut gegeben, sich auf ihre empathischen Wahrnehmungen von Leid und Schmerz zu verlassen.

Andererseits müssen wir uns darüber im klaren sein, dass Fragen nach dem »Was tun?« die Fesseln widerspiegeln, die unsere Kultur unserem Denken und Fühlen anlegt. Wir lernen schon früh, nicht selbst zu denken, sondern nach Regeln zu suchen, die uns zu dem führen, was wir zu finden hoffen. Tragisch ist dabei, dass wir uns, ohne ein Bewusstsein davon zu haben, auf vorprogrammierte Denkschemata verlassen, die eigene Denkprozesse verhindern. In unserer Zeit werden wir häufig dazu aufgefordert, kreativ zu sein. Die unausgesprochene Vorschrift, die wir verinnerlicht haben, weist uns jedoch an, dem Eigenen und Originären, das aus uns selbst spricht, nicht zu trauen. Das zeigt der bereits erwähnte Film von Eibl-Eibesfeldt über die Eipo in West-Neuguinea. Das Denksystem unserer Pädagogen erlaubt diesen nicht, daran zu glauben, dass Kinder es in sich haben, von sich aus zu teilen und aus eigener Initiative etwas zu bewegen. So bleibt uns das Eigene fremd.

Wir brauchen deshalb den Dialog mit Menschen, die Güte, Aufrichtigkeit und Uneigennützigkeit besitzen und offen dafür sind, das Eigene zu erkennen und zu fördern. Es müssen Menschen sein, deren Werte sich nicht an Macht, Erfolg und Geld orientieren und die deshalb zu einer Geisteshaltung fähig sind, die einen inneren Frieden herbeiführt.[82] Es sind Menschen, die keine Angst vor dem Anderssein haben und die frei sind von Anpassungsdrang. Nur so lässt sich zum Eigenen finden, das auf Mitgefühl basiert. Nur so wird man das eigene Selbst entdecken und nicht mehr nach Dogmen suchen, um sich selbst zu definieren.

In diesem Zusammenhang sollten wir uns vor Augen halten, dass die Blockierungen, die uns den Weg zum Eigenen versperren, schon in den Strukturen unserer Sprache versteckt sein können. Die Sprache selbst kann einer Selbstentdeckung im Wege stehen, indem sie durch ihre Abstraktionen das emotionale Empfinden verdeckt und verhindert. In Pascal Merciers Roman »Der Klavierstimmer« fragt sich der Protagonist Patrice, welche Sprache ihm am ehesten dabei geholfen hat, seine Gefühle von sich fernzuhalten: »Es waren die schweizerdeutschen Worte, welche die Angst am besten zu bannen vermochten. Die Ferne nahm der Mundart alles Enge und ließ nur den nüchternen Ton übrig, der der Welt das Beängstigende nimmt, indem er alles auf ein überschaubares Maß reduziert. Die Sätze, die am meisten halfen, waren Sätze, wie Vater sie sagen würde: kurze, lakonische Sätze.«[83]

Eine anschauliche Demonstration dessen, wie Sprache das Denken in Formen zwängt und die Welt des Erlebens ausklammert, wurde uns im Rahmen der deutschen Bundestagswahlen im Sommer und Herbst 2005 vorgeführt. Da saßen Journalisten, Politiker und Experten in TV-Talkshows und -Diskussionsrunden, redeten viel, doch sie sagten uns fast nichts. Erstaunlich dabei war, dass die Gesprächsteilnehmer sich starr an einen formalen Sprachcode hielten, der wie ein Bollwerk wirkte gegen emotionale Berührungen, die sie in ihrer Selbstgerechtigkeit hätten erschüttern können. Ihre glatte Eloquenz ließ keinen Raum für Selbstzweifel, Unsicherheiten und Ängste. Es ging um Sozialreformen und Wettbewerbsfähigkeit, um Staatsverschuldung und Steuersystem. Niemand sprach jedoch davon, was dies für die erlebte Realität eines Großteils der Bevölkerung bedeutet. Niemand sprach von den Ängsten und Unsicherheiten, die Arbeitslosigkeit, eine reduzierte soziale Absicherung und verschärfter Leistungs- und Konkurrenzdruck auslösen. Niemand erwähnte die Gefühle von Bedeutungslosigkeit, die Depressionen und Aggressionen, die mit solchen Unsicherheiten einhergehen. Alles, was ein von Mitgefühl gesteuertes Verhalten hätte hervorrufen können, prallte an Abstraktionen und Floskeln ab.

Der amerikanische Ethnologe und Linguist Edward Sapir[84] wies darauf hin, dass die Funktion der Sprache nicht dazu diene, Erleben zu kommunizieren, sondern zu bestimmen, wie dieses Erleben zu sein habe. Sein Schüler Benjamin Whorf[85] bezeichnete Sprache als ein Gefäß, in dem das Denken zur Form gegossen wird. Was wir Denken nennen, ist folglich nicht Ausdruck eines eigenständigen Denkprozesses, sondern spiegelt diese Gussform wider. Den Fragenden möchte ich also den Rat geben, auf die Fallen zu achten, die unser Denken selbst in sich birgt. Eine Kultur, die auf Macht, Besitz und Herrschaft basiert und Gefühle wie Leid und

Schmerz verleugnet, bringt auch eine Sprache hervor, die das Erleben blockiert und den Prozess der Selbstentdeckung durch festgelegtes Denken behindert.

Ortega y Gasset deutet auf etwas Ähnliches hin, wenn er schreibt, die Substanz eines Menschen mache das Gefühl des Risikos aus und nicht der Sicherheit.[86] Sicherheit, wie wir sie kennen, basiert auf einem Konkurrenzkampf um Macht und Besitz. Damit verbunden ist immer die Überlegenheit des Einen und die Unterlegenheit des Anderen – ein Prinzip, das für fast jeden in unserer Kultur zum ständigen Alptraum wird. Denn wer heute noch Sieger ist, kann schon morgen scheitern und als »Loser« gebrandmarkt sein. Die Angst zu versagen ist ständig präsent. Sie prägt unsere nächtlichen Träume, sie macht uns körperlich und seelisch krank – und sie lässt uns hassen, denn im Wettstreit um Macht und Besitz ist der Andere immer ein gefürchteter Gegner. Sein Erfolg ist unser Misserfolg, so wie unser Erfolg sein Versagen bedeutet. Unsere Kultur lehrt uns, vom Versagen zu träumen, sagte Jules Henry.[87]

In uns lauert die permanente Furcht vor Unzulänglichkeit und Verwundbarkeit. Diese Gefühle müssen jedoch verneint werden, denn um in unserer Kultur akzeptiert zu werden, muss man sich immer stark und sicher zeigen. Auf diese Weise verwandelt sich – wie Kierkegaard[88] andeutet – unser Wesen in ein Menschsein, das vollkommen im Bann eines Bedürfnisses nach Anerkennung steht. Dieses Bedürfnis jedoch macht uns abhängig von denen, die uns groß und mächtig erscheinen. Das Endresultat ist ein fiktives Selbst, das auf Dominanz und Besitz aufbaut, aber von Unzufriedenheit, Begierde und Hass erfüllt ist.

Dies in uns selbst zu bekämpfen, führt zu eigener Lebendigkeit und zur Verwirklichung unserer Menschlichkeit.

Literaturempfehlungen

Bei Lesungen und Vorträgen werde ich oft gefragt, welche Bücher ich empfehlen würde. Hier einige Vorschläge.

A. G.

Ute Althaus: Ein NS-Offizier war ich nie. Psychosozial: Gießen 2006

Sigrid Chamberlain: Adolf Hitler, die deutsche Mutter und ihr erstes Kind. Psychosozial: Gießen 1997

Stanley Diamond: Kritik der Zivilisationen. Campus: Frankfurt 1979

Sándor Ferenczi: Sprachverwirrungen zwischen den Erwachsenen und dem Kind. In: Bausteine der Psychoanalyse, Bd. 3. Ullstein: Berlin 1984

John Kenneth Galbraith: Die Ökonomie des unschuldigen Betrugs. Vom Realitätsverlust der heutigen Wirtschaft. Siedler: München 2004

Jerry Mander/Edward Goldsmith (Hrsg.): Schwarzbuch Globalisierung. Riemann: München 2002

Arno Gruen: Der Fremde in uns. Klett-Cotta: Stuttgart 2002

Arno Gruen: Der Kampf um die Demokratie. Der Extremismus, die Gewalt und der Terror. Klett-Cotta: Stuttgart 2002

Henning Mankell: Vor dem Frost. Paul Zsolnay: Wien 2003

Pascal Mercier: Nachtzug nach Lissabon. Carl Hanser: München 2004

Stanley Milgram: Das Milgram-Experiment. Zur Gehorsamkeitsbereitschaft gegenüber Autorität. Rowohlt: Reinbek 1974

Henry Miller: Vom großen Aufstand (Rimbaud). Arche: Zürich 1964

Eugene O'Neill: Alle Reichtümer der Welt. Fischer: Frankfurt 1965

Jakob Wassermann: Christian Wahnschaffe. dtv: München 1990

Anmerkungen

1 Miller, H.: Vom großen Aufstand (Rimbaud). Arche: Zürich 1964

2 Collier, J.: Indians of the Americas. Mentor: New York 1948

3 Mercier, P.: Nachtzug nach Lissabon. Carl Hanser: München 2004

4 Krieger, H.: Neue Welt. In: Frei wie die Zäune: Eine Saison in Virginia. Oreos: Waakirchen 2005

5 Yeats, W. B.: The second Coming. Zitiert in: Neue Züricher Zeitung vom 5. August 2005

6 Speer und Er. Ein Film von Heinrich Breloer. WDR 2005

7 In Treue fest. In: Der Spiegel, 51/1982

8 Amery, C.: Hitler als Vorläufer. Auschwitz – der Beginn des 21. Jahrhunderts? Luchterhand: München 1998

9 Kleine-Brockhoff, T.: Bushs Rammbock. In: Die Zeit, 30/2005

10 Niederberger, W.: Riss in der Gesellschaft. In: Tages-Anzeiger, 2. September 2005

11 ebd.

12 Amery, C., 1998

13 Miller, H., 1964

14 Nach einem Titel von J. K. Galbraith: Die Arroganz der Satten. Scherz: München 1982

15 Goldsmith, E.: Entwicklung als Kolonialismus. In: Schwarzbuch Globalisierung. Hrsg. v. J. Mander, E. Goldsmith. Riemann: München 2002

16 Kierkegaard, S.: The Concept of Anxiety. Princeton University Press: Princeton 1980; Kierkegaard, S.: The Sickness unto Death. Princeton University Press: Princeton 1980

17 Mercier, P., 2004

18 Zitiert in: Leacock, E. B.: Myths of Male Dominance. Monthly Review Press: New York 1981

19 ebd.

20 Eibl-Eibesfeldt, I., Schiefenhövel, W. u.a. (Hg.): Eibl-Eibesfeldt und sein Schlüssel zur Verhaltensforschung. Realis: München 1970

21 Ferenczi, S.: Sprachverwirrungen zwischen dem Erwachsenen und dem Kind. In: Ders.: Bausteine zur Psychoanalyse. Band 3. Ullstein: Berlin 1984

22 Freud, A.: Das Ich und die Abwehrmechanismen. In: Die Schriften der Anna Freud. Band I. Fischer: Frankfurt a. M. 1987

23 Chamberlain, S.: Adolf Hitler, die deutsche Mutter und ihr erstes Kind, Psychosozial: Gießen 1997; Kohout, P.: Tanz und Liebesstunde. Knaus: München 1989; Malaparte, C.: Kaputt. Zsolnay: Wien 2005

24 Zitiert in: Unicef: Kinder kämpfen an vielen Fronten 12/02

25 Grossman, D.: On Killing: Psychological Cost of Learning to Kill in War and Society. Little, Brown & Co.: New York 1995

26 ebd.

27 Herman, J.L.: Die Narben der Gewalt. Kindler: München 1993

28 Mantell, D. M.: Familie und Aggression. Fischer: Frankfurt a. M. 1972

29 Leacock, E. B., 1981; Diamond, S.: Kritik der Zivilisationen. Campus: Frankfurt 1976; Weltfish, G.: The Lost Universe. Basic Books: New York 1965

30 Gruen, A.: The Role of Empathy and Mother-Child Attachment in Human History and in the Development of Consciousness: The Neanderthal's Gestation. In: Janus, L.: Jahrbuch für Psychohistorische Forschung. Band 6. Mattes: Heidelberg 2005/2006

31 Young, J. Z.: An Introduction to the Study of Man. Oxford University Press: Clarendon 1971

32 Schneirla, T. C.: Problems in the Biopsychology of Social Organisations. In: Journal of Abnormal Social Psychology, 41, 1946

33 Crawford, M. P.: The Cooperative Solving of Problems by Young Chimpanzees. In: Comparative Psychological Monography, 13, 1937
34 MacLean, P. D.: The Brain in Relation to Empathy and Medical Education. In: Journal of Nervous and Mental Disease, 144, 1967
35 Gibbons, A.: Human's Head Start: New Views of Brain Evolution. In: Science, 296/2002
36 Berlyne, D. E.: Curiosity and Exploration. In: Science, 153, 1966
37 Holz, R. L.: Neglect Harms Infants. In: Los Angeles Times vom 28. Oktober 1997
38 Roshani, A.: Ich wette, dass du keinen Menschen umbringen kannst. In: Süddeutsche Zeitung, Magazin, 18. August 2000
39 Informationsdienst Wissenschaft. Pressemitteilung vom 22.6.2005 über eine Studie der Universität Leipzig
40 Welch, M.: Secretin: Hypothalamic Distribution and Hypothesized Neuroregulatory Role in Autism. In: Cellular and Molecular Neurobiology, 24, 2004
41 Welch, M.: Behavioral Anatomy and Intensive Maternal Nurturing in Childhood Disorders. In: Society of Neuroscience Press Book, 34th Annual Meeting, 2004
42 Cox, M. »I Took a Life because I Needed one«: Psychotherapeutic Possibilities with the Schizophrenic Offender-Patient. In: Psychotherapy and Psychosomatics, 37, 1982
43 Ascherson, N.: The »Bildung« of Barbie. In: The New York Review of Books, 24. November 1983
44 Kütemeyer, W.: Die Krankheit Europas. Suhrkamp: Frankfurt 1982
45 Ribble, M.: The Rights of Infants. Columbia University Press: New York 1943
46 Dolto, F.: Über das Begehren. Die Anfänge der menschlichen Kommunikation. Klett-Cotta: Stuttgart 1988
47 Ribble, M., 1943
48 Cox, M., 1982

49 Mankell, H.: Vor dem Frost. Paul Zsolnay: Wien 2003

50 O'Neill, E.: Alle Reichtümer der Welt. Fischer: Frankfurt a.M. 1965

51 Ferenczi, S., 1984

52 Zitiert in Schaffner, B.: Fatherland: A Study of Authoritarism in the German Family. Columbia University Press: New York 1948

53 Todorov, A. u.a.: Inferences of Competence from Faces Predict Election Outcomes. In: Science, Vol. 308, 10. Juni 2005

54 Danner, M.: The Secret Way to War. In: The New York Review of Books, 9. Juni 2005

55 Cziesche, D. u.a.: NPD statt LSD. In: Der Spiegel 21/2005

56 Grafton, A.: The Ways of Genius. In: The New York Review of Books vom 2. Dezember 2004

57 Goeudevert, D.: Wie ein Vogel im Aquarium. Rowohlt: Berlin 1996

58 Krebs, A.: Tendenzen und Gestalten der NSDAP. Deutsche Verlags-Anstalt: Stuttgart 1959

59 Reemtsma, J. P.: Im Keller. Hamburger Editions: Hamburg 1997

60 Soyinka, W.: The Man Died. Harper: New York 1972

61 Ricard, M.: Functional Understanding of Fear and Anxiety and the Buddhist View. Dalai Lama Symposium an der Universität Zürich 2005

62 Rourke, M.: Ich habe einen Traum. In: Die Zeit, 33/2005

63 Wiborg, S.: Claras Untergang. In: Die Zeit, 17/2005

64 Manvell, R., Fraenkel, H.: The Incomparable Crime. Mass Extermination in the 20th Century: the Legacy of Guilt. Heinemann: London 1967

65 Schenck, E. von: Europa vor der deutschen Frage. Briefe eines Schweizers nach Deutschland. Francke: Bern 1946

66 New York Times vom 7. Februar 1968

67 Rheingold, J. C.: The Fear of Being a Woman. Grune & Stratton: New York 1964

68 Mercier, P., 2004

69 Wassermann, J.: Christian Wahnschaffe (1919). dtv: München 1990

[70] Weltfish, G., 1965

[71] Hofmann, G.: Starke Hand gesucht. Eine Studie der Friedrich-Ebert-Stiftung. In: Die Zeit vom 20. Dezember 2002

[72] Informationsdienst Wissenschaft. Pressemitteilung vom 13.7.2005 über eine Studie der Universität Leipzig

[73] Zitiert nach Bittner, J.: Vertrauter Feind. In: Die Zeit, 31/2005

[74] Zitiert in Diamond, S. 1976

[75] Pamuk, O.: The Anger of the Damned. In: The New York Review of Books, 15. November 2001

[76] Zitiert nach Bittner, J., 2005

[77] Polke-Majewski, K.: Im Schockzustand. In: Die Zeit, 30/2005

[78] Roy, O.: Wiedergeboren, um zu töten. In: Die Zeit, 30/2005

[79] Gruen, A.: Der Kampf um die Demokratie. Klett-Cotta: Stuttgart 2002

[80] Dalai Lama: Ratschläge des Herzens. Diogenes: Zürich 2003; Dalai Lama: Ancient Wisdom, Modern World. Time Warner: London 1999

[81] Zitiert in: Raban, J.: September 11: The View of the West. In: The New York Review of Books vom 22. September 2005

[82] Ricard, M.: Der Mönch und der Philosoph. Kiepenheuer: Köln 2003

[83] Mercier, P.: Der Klavierstimmer. Albrecht Knaus: München 1998

[84] Hoijer, H.: The Sapir-Whorf Hypothesis. In: Hoijer, H. (Hrsg.): Language and Culture. Publikation der American Anthropological Association, Band 56, 1954

[85] Holden, C.: Life without Numbers in the Amazon. In: Science, 305/2004

[86] Ortega y Gasset, J.: Um einen Goethe von innen bittend. In: Buch des Betrachters, Band II. Deutsche Verlags-Anstalt: Stuttgart 1934

[87] Henry, J.: Culture against Man. Holt: New York 1963

[88] Zitiert in: Lowrie, W. (Hrsg.): Concluding Unscientific Postscript to the Philosophical Fragment. Princeton University Press: Princeton 1941

Personenregister

Stichwortregister